营销管理就这几招

不靠关系靠工具

施琰博 东方鸣／著

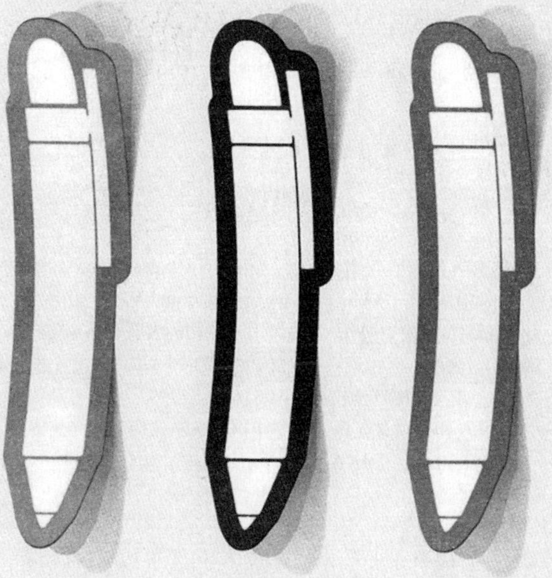

时代出版传媒股份有限公司
北京时代华文书局

图书在版编目（CIP）数据

营销管理就这几招：不靠关系靠工具 / 施琰博，东方呜著．
-- 北京：北京时代华文书局，2014.7
ISBN 978-7-80769-761-9

Ⅰ．①营… Ⅱ．①施… ②东… Ⅲ．①营销管理Ⅳ．① F713.50

中国版本图书馆 CIP 数据核字 (2014) 第 169043 号

营销管理就这几招 ：不靠关系靠工具

著　　者｜施琰博　东方鸣

出 版 人｜田海明　朱智润
责任编辑｜林少波
责任校对｜张彦翔
装帧设计｜壹品堂　王艾迪
责任印制｜訾　敬

出版发行｜时代出版传媒股份有限公司 http://www.press-mart.com
北京时代华文书局 http://www.bjsdsj.com.cn
北京市东城区安定门外大街 136 号皇城国际大厦 A 座 8 楼
邮编：100011　电话：010 - 64267120　64267397
印　　刷｜三河市南阳印刷有限公司　0316-3654999
（如发现印装质量问题，请与印刷厂联系调换）
开　　本｜710×1000mm　1/16
印　　张｜17
字　　数｜247 千字
版　　次｜2014 年 10 月第 1 版　　2014 年 10 月第 1 次印刷
书　　号｜ISBN 978-7-80769-761-9

定　　价｜38.00 元

前 言

做企业是为了什么？是为了赢利。如何成功地赢利？营销便是最重要的手段，是企业必不可少的功能性之一。对于企业来讲，营销或许并不是成功唯一的因素，但一定是最为关键的因素。

企业的生存靠什么？市场。如果没有市场，企业也就没有了立足之地。随着社会经济的迅猛发展，市场竞争也越来越激烈，企业经营管理也越来越重视市场营销，营销大战也就此拉开了帷幕。

商场如战场，营销做好了，就意味着你掌握了这个战场的主动权，营销无处不在，产品、服务、思想、战略……这些都是营销的对象。产品卖不出去，其商业价值就为零，之前所有的投入也就变得毫无意义可言。可以说，企业的成功离不开营销，同样的，失败了，营销也脱不了干系。

一个公司如果没有强大的营销功能是十分可怕的，比如早期的Google和Facebook，两者都为互联网企业，虽然拥有可观的用户量，但是却没有赢利功能，也就是不会赚钱，没有赚钱的机制。因此，在它们学会赚钱之前，只是两家再小不过的小公司。

随着互联网技术的发展，传统的营销理念已无法适应现在的市场，对于企业来讲，建立与完善营销机制是非常重要的，就好比为企业修通了快速通往成功的道路。对于市场动态的管理、营销人才的引进、竞争对手的分析等等，都对企业的长远发展极具意义。

营销人员总是冲在第一线，可以说，他们是企业生存之根本，他们借助于各个渠道，或者是终端客户的拓展和经营，将企业产品转换成了实质性的货币。作为销售部门的管理者，在进行日常管理时，可能花费了很大工夫却收效甚微，每天都在纠结于如何使管理更加有效。可是，因为找不出问题的关键，而变得碌碌无为、丧失斗志。

因此，管理者们急需一本既实用又有趣味的书籍来为自己指明方向，从书中发现自己的弊端，学习营销管理中最管用且简单的工具。当你懂得如何正确使用营销工具时，即便只是一个不到百人的小企业，也能逐步走向巨型企业的行列。

除非你是个天才，生来就掌握了营销管理的要点，懂得如何起死回生，懂得如何决胜于千里，否则，就看看《营销管理就这几招：不靠关系靠工具》一书吧。本书用最简单的言语讲述了最为复杂的营销理念，用一目了然的图表将各个营销工具的模型更加直观地表现出来。

《营销管理就这几招：不靠关系靠工具》除了有各个营销工具的运用概括，同时还附有图表，是一本新颖、全面、精细的管理工具体系，实用性与可操作性均很强，比一般的同类书更加系统、更加专业。

本书囊括了营销战略、市场动态、竞争对手、广告推广、促销、价格、客户、销售、渠道、产品、新品、培训、财务、售后等 14 个管理工具，为市场营销管理工作提供了很好的参照范本，可以拿来即用，也可以根据自身的具体情况稍加改动，便可以上手运用。

本书除了供营销管理人员使用外，对于企业高层管理者、人力资源管理者、财务工作人员来说也同样适用。

作者

2014 年 6 月

目 录

前言／ 001

工具 1 目标确定，利益随行：营销战略管理

营销战略对企业的重要性／ 002

营销战略是什么／ 006

影响营销战略的内部条件／ 011

影响营销战略的宏观环境／ 015

整合制定营销战略／ 019

工具 2 调查分析，信息第一：市场动态管理

市场信息分析／ 024

市场定位分析／ 028

目标市场确定／ 033

4R 市场营销组合策略／ 037

4C 市场营销组合策略／ 040

4P 市场营销组合策略／ 044

工具 3 知己知彼，决胜千里：竞争对手管理

竞争对手的界定与分析／ 048

竞争对手信息收集 / 053
竞争对手战略分析 / 057
竞品成本分析 / 060
竞品市场动态分析 / 064
潜在竞争者防御措施 / 067

工具 4 有理声高，酒香叫好：广告推广管理

广告投放预测 / 072
广告媒体的选择 / 076
广告投放注意事项 / 079
广告评估方法 / 082

工具 5 借力使力，放大效益：促销管理

促销方案的制定 / 088
促销人员的选择与管理 / 093
针对终端客户的促销工具 / 098
针对经销商的促销工具 / 102
促销工具组合策略 / 105
促销后的评估方法 / 109

工具 6 科学定价，行走天下：价格管理

价格体系是什么 / 114
价格与市场的关系 / 118
常见的 N 种定价方法 / 121
价格调整管理工具 / 126
价格竞争管理工具 / 129

工具 7　管好客户，招来财富：客户管理

新客户的开发 / 134

客户分析管理 / 138

客户潜力判断 / 141

客户信誉管理 / 144

客户关系管理 / 147

工具 8　营是手段，销是目的：销售管理

销售目标管理 / 152

销售团队建设 / 155

销售人员管理 / 158

销售计划管理 / 162

工具 9　分销对路，畅销无阻：渠道管理

分销渠道挖掘开拓 / 168

处理各渠道之间的关系 / 172

激励渠道的技巧与方法 / 176

管理经销商的工具与策略 / 179

渠道评估与改进 / 183

工具 10　手里有粮，心中不慌：产品管理

产品分类管理 / 188

产品库存管理 / 191

产品组合管理 / 195

给产品一个好位置 / 198

品牌扩展管理策略／201

工具 11 后起之秀，牛上加牛：新品管理
新产品研发流程管理／206
新产品包装策略／209
新产品上市管理／213
新产品推广策略／217

工具 12 兵强胜人，人强胜天：培训管理
营销人员素养／222
培训方式集锦／225
培训方式的选择／228
培训效果的评估／231

工具 13 运行平稳，坚强后盾：财务管理
财务管理准则／236
财务分析管理／240
促销费用管理／243
营销人员薪酬管理／245

工具 14 听出真意，服务到底：售后管理
售后服务管理流程／250
客户投诉接待技巧／253
客户投诉处理策略／256
客户投诉反馈技巧／260

工具 1

目标确定，利益随行：营销战略管理

- 营销战略对企业的重要性
- 营销战略是什么
- 影响营销战略的内部条件
- 影响营销战略的宏观环境
- 整合制定营销战略

营销战略对企业的重要性

【开篇引论】

现今社会，无论企业大小，最关注的问题便是企业在当代社会如何能长期地生存与发展。企业生存之根本在于市场，如何在市场占有一席之地，最关键的环节在于营销战略。企业的利益源于产品是否能推销出去，如果产品滞销，意味着利益缺失。此时，在产品销售中，营销战略就被推向了至高位置。

不可否认，营销战略在企业中起着至关重要的作用，可以说，它是企业的风向标，能正确引导企业的发展方向。企业好比汪洋中的一艘船，战略是目标，有了战略就要有战术，战术就是达到目标所要采取的方式、方法。这样看来，企业没有战略，就好比船没有了目标，那么，处于汪洋中，任何微小的风都有可能是逆风，能在瞬间将船打回原地。

社会对产品的需求程度、产品价格的上升空间等都可以通过营销战略来获取，进而尽可能满足消费者，抢占市场，便可占有主动权，那么，利益也会随之而来。

【工具运用】

一、营销战略的重要性

市场竞争越来越激烈，企业之间的竞争多是源于买方市场，可是，从中获取利益的机会并不多，这就要求企业进行全面的调查研究，如市场结构、消费者、竞争者，从中识别、评价与选择市场。

企业的发展与营销战略分不开，良好的营销战略是用最小的代价去换取最大的利益，让企业能够稳定发展。市场竞争是激烈的，此时，营销战略显得尤为重要，在提高企业竞争力的同时，还能提高企业的营销素质，不仅可以改善经营管理，还能增强管理水平，提高工作效率，以此达到营销创造效益的目的。

营销战略在企业的营销活动中起着积极的作用，可以统一各部门的工作，加强沟通，减少摩擦，将整体观念灌输到各个部门，一起实现公司的整体目标。营销战略可以有效地提高企业的竞争力与应变能力，不至于在出现紧急情况时处于被动而手足无措。

二、营销管理的全过程

市场营销管理的内容及程序是企业营销管理过程的重要体现，企业都希望达到自身的目标辨别、分析、选择和发掘市场营销机会，因此，就需规划、执行、控制企业营销活动。下面就来分析一下企业市场营销管理的过程。

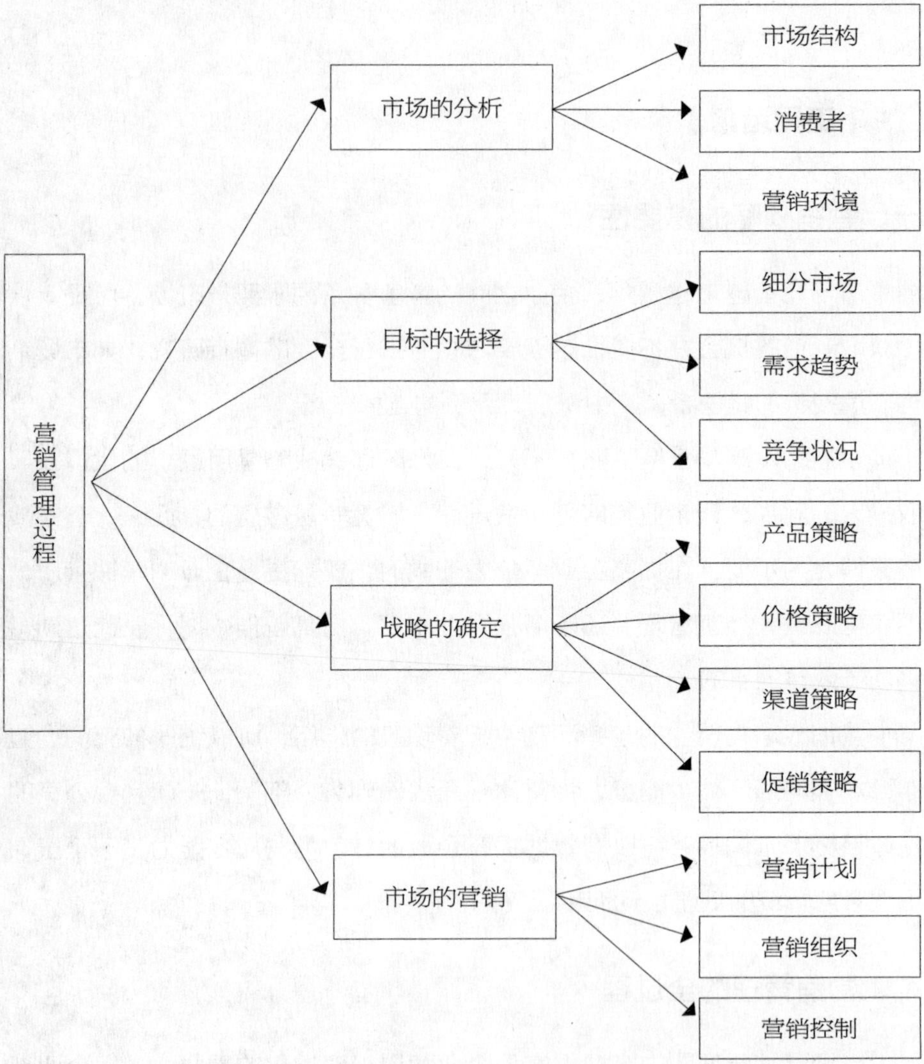

如上图，可以清晰地看出市场营销管理的全过程，从而掌握市场营销战略的步骤，最终达到目标。

三、企业需要营销战略的原因

企业要想有个长远的发展，制定营销战略是必要的，在日趋激烈的市场，每个企业都会遇到或大或小的问题，有时一个小小的变动，便能影响全局，下面就来看一看，企业为何需要行之有效的营销战略。

1. 市场竞争激烈。日趋激烈的市场竞争让企业的矛头转向了市场，分析市场、占有市场、抢夺市场，跨国企业的介入更是加剧了竞争的步伐。竞争也不单单停留在商品市场，竞争领域也从生产扩展到了资本、技术。竞争的手段也是让人眼花缭乱，如价格竞争、回扣、公关等。

2. 竞争之下的效益下降。为抢夺市场，企业开始打价格战，大甩卖、大减价、打折等手段让企业的平均利润受到严重影响，有些企业甚至面临倒闭。

【招式提示】

营销战略的主旨在于提高企业产品的利用效率，并将其最大化。对于处在激烈竞争中的企业来说，制定营销战略更有必要。其包含以下内容:

- 选定好目标市场。划分消费者，将其分为若干种类，从中选择目标，将力量集中，对其需求进行分析并满足。
- 当市场确定了，就以此为目标市场，有针对性地制定出市场营销战略，将消费者变成自己的顾客。

营销战略是什么

【开篇引论】

这是个信息爆炸的时代，同时，营销也进入了一个新时代，营销观念也在发生变化。信息传播速度越来越快，大众消费时代迎面扑来，大市场营销观念的产生，这些似乎都在对企业提出警告，传统营销模式已经过去了。规划符合市场的营销战略，才能带领企业走出迷局。

所谓营销战略，是营销部门根据战略规划，在综合考虑诸多因素，如外部市场及内部状况，在这些因素的基础上明确目标，选择相对应的市场营销策略组合，然后进行有效的实施与控制。营销战略的产生源于现代市场的营销观念，其主要目的就是为实现企业经营目标，对某一时期内市场营销发展的总体设想与规划，准确制定营销战略便于研究与制定正确的市场营销决策。

【工具运用】

一、营销战略的基本特征

为确定企业长远发展的目标，改变企业现状，完成营销目标，就必须要制定营销战略，这是一种思想，一种特有的思维方式及分析工具。从某种意义上来说，营销战略就是凭借科学的方法、创新的思维，在企业现有的营销状况中对企业未来的发展做出战略性的，带有前瞻性、全局性、创新性、系统性的决策与引导。

营销战略直接影响企业的长远发展，那么，在制定营销战略之前必须把握以下特征。

1. 以创造顾客为首要目的，获得并保持客户关系。

2. 从长远考虑怎样有效战胜竞争对手，让企业处于永不失败的地位。

3. 了解市场调研的重要性，从中可收集到大量信息，并加以分析，在面对市场与环境的变化时可以做出准确的决策。

4. 注重创新，积极革新的程度往往起到意想不到的收获。

5. 决策者的能力决定结果，对决策的市场洞察力、辨别力、决断力都是一大考验。

二、营销战略的分析模板

营销模式多种多样，并非单一存在，在运用过程中需考虑的问题也很多，对营销战略的分析有利于更好地制定营销计划，下面就来看一下营销战略的粗略分析模板。

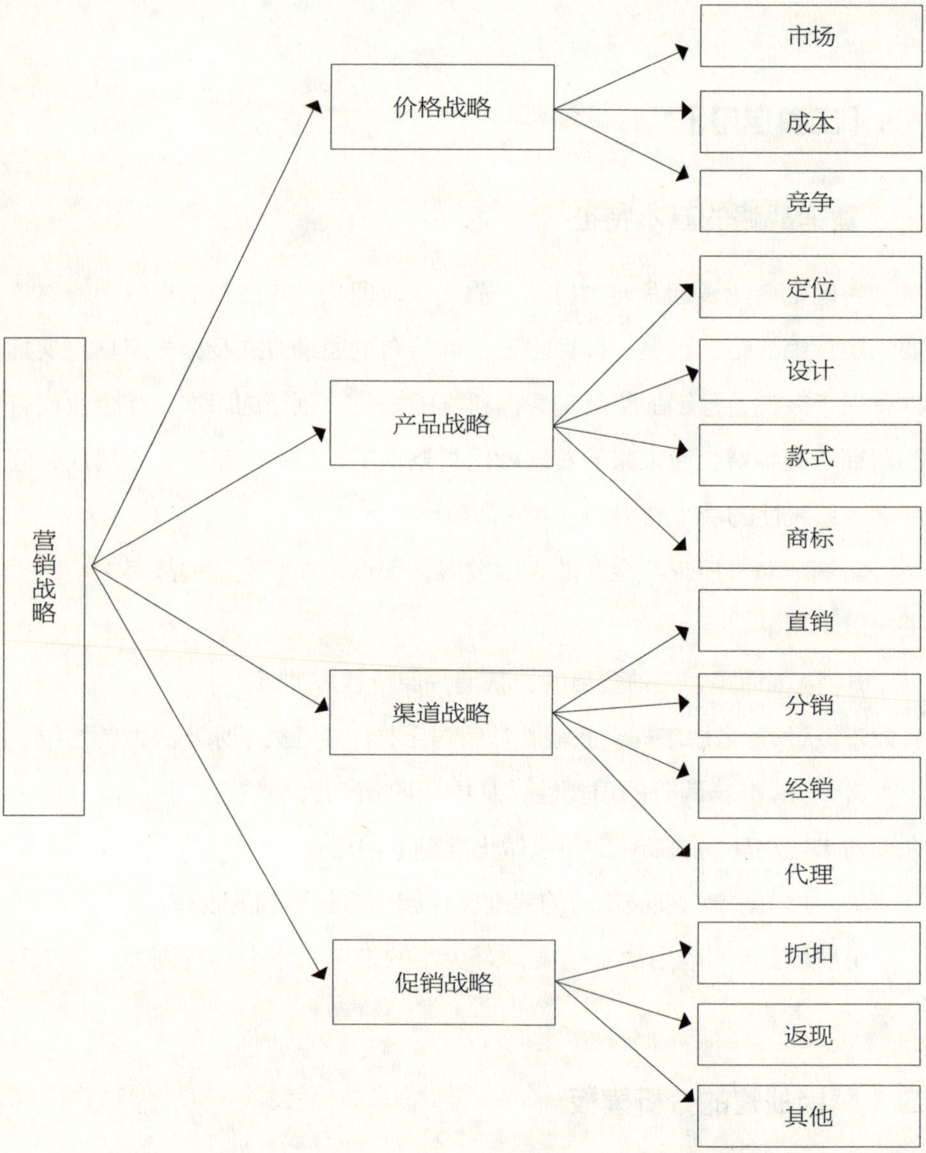

从上图我们可以看到，营销战略涉及到企业的方方面面，与企业的发展息息相关，在提高市场占有率、加大利益的同时，还能将企业的社会价值与产品市场价值最大化。所以，一份完美的营销战略可以让一个企业走向另一个高峰。

三、营销观念的发展

首先，市场营销战略需以市场营销观念做依托，市场营销观念从某种意义上来说是指导营销的基本思想，这是企业的一种思维方式。企业家的经营原则都是由营销观念作为经营依据的，而且这种观念会因为市场环境的改变而发生变化。从出现至今，营销观念共经历了以下四个阶段：

1. 生产的观念。通常情况下，企业生产什么，卖的就是什么，这种观念一般是在社会产品供不应求或者比如短缺经济等条件下所产生的一种不成熟的营销观念。产品处于供不应求的情况下时，企业为获利，通常会加大生产、提高数量、降低成本。此时，企业将大把的精力都投入在了生产管理上，却鲜少在意市场的真实需求。

2. 推销的观念。这种观念是企业一边大力生产，一边对产品进行推销。企业如何来适应生产的发展及日益壮大的市场呢？主要就是建立分销系统，通过广告来进行宣传。这种观念之下，人们的普遍认知就是，企业要想生存与发展，必须要大量销售。

3. 营销的观念。这种观念通常是以消费者的需求为主，以销定产，消费者需要什么，就生产什么。这种观念里，顾客就是上帝，整个市场也由卖方市场转向买方市场。

4. 战略的观念。关于营销战略，最主要的是在满足消费者需求与欲望的同时，更要顾及到整个社会当前及长远的利益。

对于企业来说，一个健全、行之有效的市场营销组织机构是非常重要的。营销组织结构需在统一的领导下进行，实行六个统一（网点、产品、价格、包装、广告、货款），这样便可以提高知名度，不会因重复设置营销网点而产生不必要的销售费用，而且可以起到很好的示范作用。

【招式提示】

- 营销战略不可忽视的就是环境，其发展趋势会为企业带来新的机会，同时，新的难题也会随之出现，所以，对于环境的把握显得尤为重要。
- 环境之下，对于潜在的机会要懂得利用，发展新产品、改进现有产品等，以此来吸引消费者。
- 眼光放长远，适应市场变化就要将眼光放在广阔的市场上。充分利用有限资源去实现新的战略目标。
- 尽量不与大品牌发生正面竞争，开发新产品，一味地模仿在市场上是行不通的，只有增强产品竞争力才能在市场上立足。
- 对于企业未来的发展方向要有明确的认识，不仅要有具体目标、措施规划，还要确定完成目标的具体时间与进度。

影响营销战略的内部条件

【开篇引论】

众所周知，营销战略的制定需考虑诸多因素，在制定营销战略之前，有必要对影响市场营销活动的因素进行认真研究分析。这些因素在带给企业机会的同时，还会给企业带来潜在的威胁，想在市场营销活动中取得成功，必须将这些因素落到实处。在制定营销战略时，对于企业的状况应做一个全面了解，对于优势与劣势进行详细分析，包括过去的经营成果。营销战略的制定，最终目的就是想在竞争中取胜，所以，在制定过程中，必须扬其所长，避其所短。

市场是在不断变化中前进的，对于企业来讲，如果推广自身产品，营销战略必须根据市场进行调整。企业的营销规划人员需知道其有哪些影响因素，进而才能确保所制定的营销战略可以实施。

【工具运用】

一、评估企业资源能力

营销战略的制定须靠企业去寻找特定的市场营销机会，要评估企业资源能力，首先要对企业环境进行详细了解，其中包括企业的经济状况、市场情况及其他外部因素。研究销售与管理的成本，对企业的销售进行预测，分析所得数据，从中获得企业的竞争优势、创新技术、开拓新市场的机会，并且可以预防将来可能遇到的障碍。

通常情况下，面对较大的市场，如果企业资源能力无法企及，那么，就要进行行之有效的调整，如采取集中营销策略。选一部分特定的消费群，集中力量，以小市场为主要战场，进行专业化生产，从而赢得小市场大批份额。

对于实力雄厚的企业，一般都有较强的生产能力，销售渠道也较为广泛，品牌响、质量好，若市场同质化较高，此时，便可实施无差异市场营销策略。对于在设计与管理方面较强的企业来说，则可实施差异市场营销策略。

一般来讲，刚刚进入市场的企业以积累经验为主，经验丰富之后，再选择适合自身的营销战略，以此来扩大市场。

二、内部条件的分析模型

影响营销战略的内部条件和企业是双向运作关系，从某个角度看，对于这些内部条件，企业有控制权与施加影响的权力。这些内部条件会对企业的营销能力与效率产生直接影响，下面我们来看一下这些内部条件的分析模型。

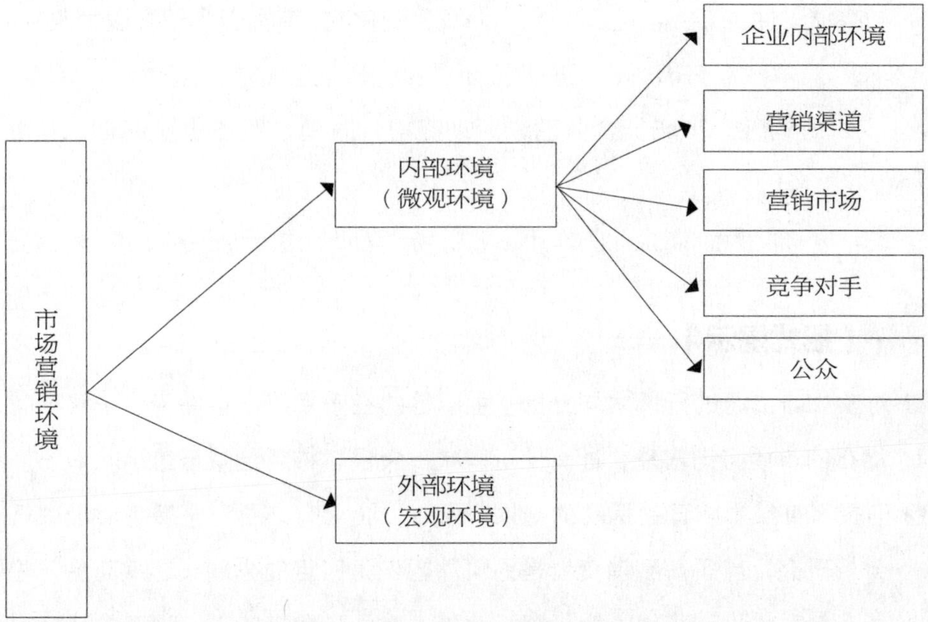

如图所示，影响营销战略的内部条件细分为很多，只有对相关的影响环境因素进行深入且系统的分析，才能得到更为科学的数据。此时，才能对企业进行营销战略的详细规划。

三、市场状况和市场特性

市场状况从以下几个方面入手：

1. 构成市场的三大要素：人、购买、欲望，这就形成了一定的市场规模。

2. 人们对于市场需求一种是丰富及多样化，一种是越来越明显的两极分化。

3. 买方市场不断扩大，产品处于供大于求的局面。

市场特性从以下几个方面入手：

1. 互选性。企业与消费者处于相互选择的局面，企业可以选择消费者，同样的，消费者也可以自由选择企业。

2. 流动性。在经济、社会、文化等发生变化时，市场也会随之发生改变。

3. 竞争性。有市场，竞争便不可避免，且竞争激烈。

4. 导向性。市场就企业营销活动而言，既是出发点也是终点，其扮演着双重身份。

5. 不确定性。在企业的作用下，市场会因此而扩大、改变，或是创造。

【招式提示】

- 对企业与市场进行评估与分析，主要目的在于掌握市场需求，了解产品潜在的市场与销售量，进而便可以减少失误，将风险减至最小。
- 消费者直接影响营销活动的结果，所以，企业有必要对消费者心理进行分析研究，当了解到消费者是为何原因、为何目的去购买这款商品，才能有针对性地制定出营销战略。此外，对于消费者能力、消费的环境也在营销活动中占有重要位置，故不可掉以轻心。
- 须知，知己知彼，百战不殆。在竞争过程中，双方的产品被拿来做比较是再正常不过的了，要打动消费者，须在分析自身产品优势的同时，也要对竞争对手的产品进行研究，只有比竞争对手多想到一点，那么，在竞争过程中，你才能占据主动权。

影响营销战略的宏观环境

【开篇引论】

对营销战略造成影响与形成制约的因素除了内部因素外，还有宏观环境，其具备的社会性力量与因素会直接影响企业的营销活动，其中包含政治、经济、文化、科技、法律等。

对企业环境进行详细分析，对于进入国际市场的企业来说，这些更为重要。无论是哪个行业，如要进入海外市场，首要任务就是对当地政策、特殊规定、竞争者信息等进行了解。

对于宏观环境的分析主要在于能够更好、更准确地认识、熟悉环境，并通过企业营销力量的努力，逐渐适应社会环境与变化，以此达到最终的企业营销目标。

【工具运用】

一、宏观环境对营销战略的重要性

宏观环境即企业的外部大环境，就企业而言，其具有不可控制性与不可影响性，营销活动能否成功与其有着极为重要的关系。宏观环境影响市场营销战略的原因有以下几点：

1. 在很大程度上，宏观环境制约着市场营销的成果。

2. 宏观环境大都在不可控制的范围，所以，制定有针对性的营销战略就必须进行有组织的调研，并收取准备信息，进而进行科学的研究与分析。

3. 宏观环境会因为很多原因而发生变化，且变化极快。这种变化有好有坏，它既可以成为风险，也可以成为机遇。

二、宏观环境的方法

对于企业而言，宏观市场营销环境的变化有利有弊，可以从两方面进行分析，有利影响，即对企业的环境机会；不利影响，即对企业的环境威胁。市场机会无疑是具有吸引力的，加之程度不同的威胁，面对这样的营销环

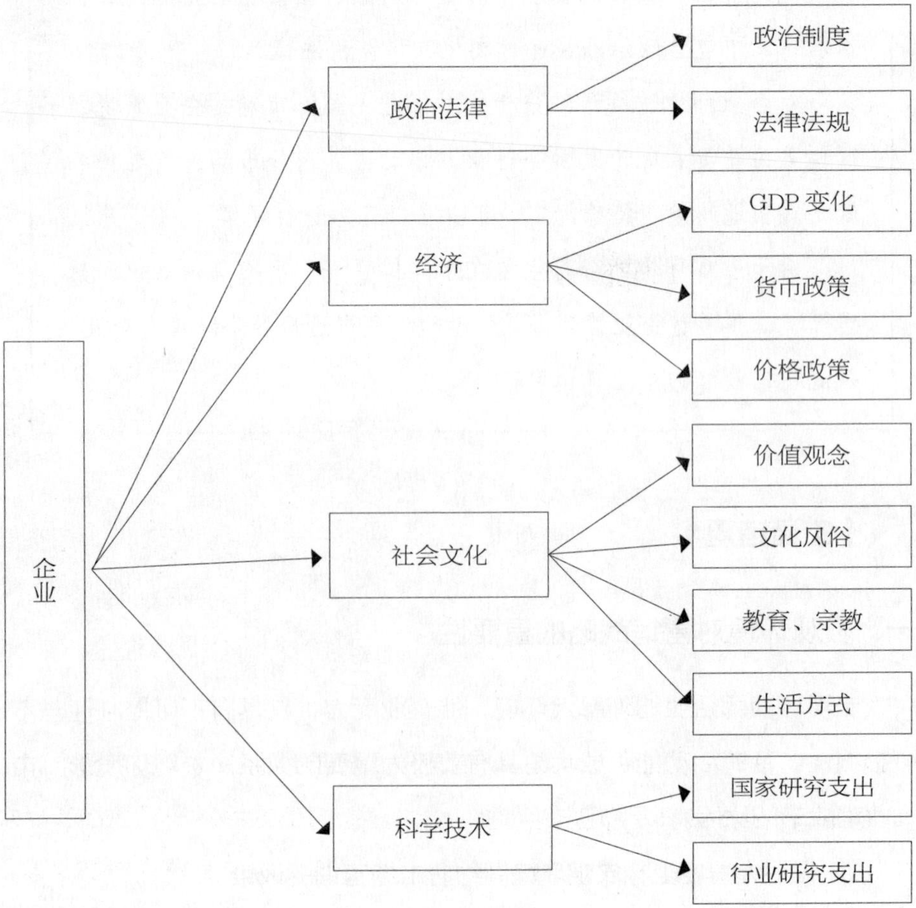

境，就需要对环境进行评估，以此来分析市场机会和环境威胁，从而制定出相应对策。看上图，可获知企业是如何分析、评估营销环境的。

如图所示，可以直观地分析出营销环境，让企业可衡量机会与威胁的比重，进而做出正确的决策。

三、宏观环境内容

要想准确把握市场机会，制定具有可行性的营销战略，就需对宏观环境的内容有一定了解，大体来讲，宏观环境包括以下几个内容：

1. 政治法律环境。首先是政治环境，因其外部政治形势、状况和国家的政策方针的变化会对企业的市场营销活动带来或是有可能带来不可预估的影响。所以，企业不可忽视对政治环境的分析，其中包括国内政治与国外政治。其次是法律环境，主要指其对市场营销有关的法律法规、法令、条例等。

2. 经济环境。主要指在企业市场营销的活动中，所要面临的外部社会经济状况与国家的经济政策，而这些恰恰直接影响消费者的购买力与支出模式。

3. 自然环境。自然环境处于不断的发展变化中，资源的短缺与保护、能源成本提高、环境的恶化、环保意识提高等都会给企业带来直接或者间接的威胁及机会。

4. 人文环境。人是市场的主体，是构成市场的主要因素，人越多，相对的市场规模也就越大。人文环境（人口总数、人口结构、地理分布、家庭、教育、职业等）对市场格局有着深刻的影响，而且，对企业的市场营销活动有着直接的影响。

5. 科技环境。科学技术是第一生产力，伴随其而来的是新兴的产品，它也是社会生产力最为活跃的因素，会对企业内部的生产与经营造成直接影响，而且与其他因素（经济环境、社会文化环境等）有着紧密的关系。

在市场营销活动中，给企业创造机会的同时，还会对企业构成一定威胁。

6. 社会文化环境。每个国家、地区、民族都有其独特的传统文化，这些传统文化在无形中对人们的行为造成了一定的影响与制约。因此，市场营销人员在进入新市场时一定要结合当地的传统文化。因阶层不同，人们的需求特点也不同，所以，研究不同阶层的相关群体非常有必要。文化环境包括：民族风俗、宗教信仰、生活方式、教育水平、价值观念、伦理道德等。

【招式提示】

- 对影响营销战略的宏观环境进行分析后，需要有个清醒的认知，这样便可不失时机地把握潜在的机遇，为企业谋求发展。
- 在强调宏观环境的不可控制时，并不是说企业对于宏观环境就束手无策。在此，企业须重视起对营销环境变化的监测，同时，加强自身战略的调整性，进而掌握环境变化，把握时机。

整合制定营销战略

【开篇引论】

市场竞争日趋激烈，只凭单一的营销手段是很难在市场的拼杀中占有一席之地的。就企业而言，要想在市场竞争中取胜，有效地整合多种营销手段是必选之路。整合营销系统地将各种营销工具与手段结合起来，根据环境进行即进性动态修改，它在满足了消费者需求的同时，会在最大程度上实现企业目标，以达到双赢局面。

对于一个企业来说，整合制定营销战略是非常重要的，在整合营销观念里，企业所有部门的工作都围绕着"满足顾客需求"而展开，这并不单单指营销部门。而且，对于企业的各部门来说，除了要考虑到顾客的利益外，还要考虑到企业的利益。如果要将二者统一，保持竞争优势，就必须整合营销。

【工具运用】

一、整合营销的内容

整合营销的最终目的在于双赢，既满足顾客的需求，又能实现企业的目标。要想达到这样的要求，企业就必须借助整合营销，联合协调企业、营销、沟通等战略，把顾客的利益与需求转化为企业的利益与目标，进而实现双赢。整合营销的内容包括以下几个方面：

1．分析营销战略整合

整合营销战略理论将营销视角化分成三个层次，即企业战略、营销战略、营销策略。

企业战略基础一般是某一战略业务单位，其包括成长、维持、收获、放弃、创新等战略，如要在此层次实现战略，需靠企业组合要素来实施，其要素包括研究开发、工程技术、生产制造等。

营销战略是处于企业战略与营销策略中间的，包括目标市场、竞争、新品开发战略等。

营销策略的实施需通营销组合来实现，其组合包括产品、价格、渠道、促销等。

整合营销战略就是将三种层次联合与协调起来，将顾客的利益与需求放入企业战略的管理体系中，最终将其转化成企业的利益与目标。

2．分析营销工具整合

营销工具整合主要包括的内容有：整合营销组织要素及整合各要素内部问题。其工具主要有：产品组合、价格组合、分销组合、促销组合。

产品组合。其涉及的内容有产品的质量、设计、特征、包装及品牌。

价格组合。顾客在购买决策中，非价格因素逐渐影响着人们的购买决策，企业在制定价格时，需与其他营销工具进行整合。

分销组合。分销需与产品、价格、营销沟通进行整合，而且，企业必须对整个分销系统进行整合。

促销组合。也叫沟通组合，其主要要求是清晰、简单、一致、与顾客认知相同。

3．分析营销沟通整合

营销沟通的进行，首先要对各种沟通工具进行分析研究，从中协调运用，最终以最低成本达到最大的沟通效果。营销沟通方式主要有：广告、营业推广、公共关系、人员推销。

二、整合营销战略的流程

整合营销相较于传统营销有着很大的不同，最明显的表现在，整合营销的出发点是消费者的需求，并以此来系统地思考营销问题。整合营销在实施过程中会牵扯到企业的多个部门及活动。此时，需要有具体的流程做依托。

整合营销流程

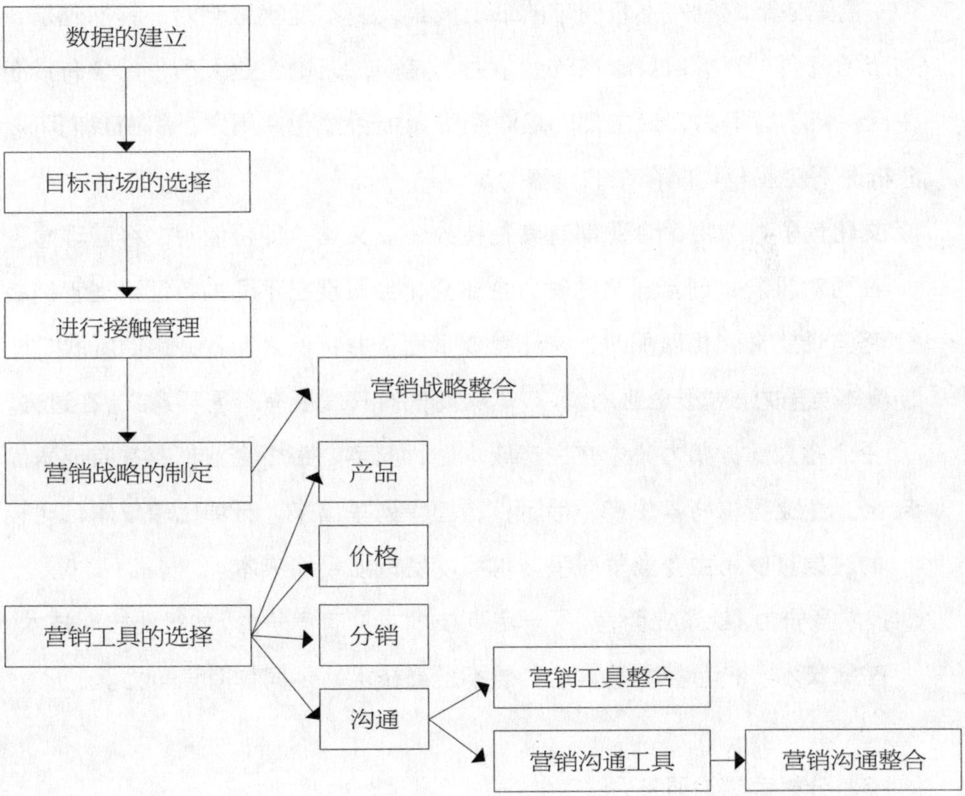

如图所示，整合营销需经过多个流程，每个环节紧密相扣，要认真分析每个环节，根据流程制定明确的营销战略目标。

【招式提示】

在这个经济迅猛发展的年代，市场也在不断地发生着变化。一个优秀的企业，为适应这种变化，会设立独特的战略目标，进而突显自己的竞争力。就战略目标而言，无论是企业整体还是单独的营销部门，其制定的目的都在于在企业发展方向中取得共识。战略是风向标、导航灯，一份完美的营销战略可让企业建立起竞争力，让企业产品顺利抢占市场，甚至长期占领该市场。

营销战略的制定不是简单的纸上谈兵，更不是随意而为，其基础是评估市场机会，分析自身潜在的竞争力。其实，无论企业大小，都会有其潜在且独特的竞争力，最主要的是看领导者能否发现并用之。下面我们可以分析一下企业有可能存在的竞争力。

- 文化竞争力。每个企业都有其独特的企业文化，即价值观、经营理念。在面对风险、创新、奖励时，企业文化会表现出不同的特征，当营销战略与企业文化相匹配时，文化就成了竞争力，反之，就会遇到威胁。
- 成本竞争力。对于企业来说，成本的高低对其发展有着重要意义。在过去，企业将大部分精力集中在生产成本上，其实，每个企业都存在有成本优势。企业可以将其生产、储运、销售等列举出来，分项比较成本，比较的对象可以是主要竞争对手，也可以是行业平均成本。
- 技术竞争力。就企业而言，不一定高技术才具有竞争力，如行业核心技术、垄断技术、特色技术等，这些虽不是高技术，但同样有竞争力。

工具 2

调查分析，信息第一：市场动态管理

- 市场信息分析
- 市场定位分析
- 目标市场确定
- 4R 市场营销组合策略
- 4C 市场营销组合策略
- 4P 市场营销组合策略

市场信息分析

【开篇引论】

无论身处哪个行业，对市场信息的掌握都非常重要。不管是开辟新领域，还是巩固旧市场，除知道自身需求外，还要对竞争对手有所了解。而这些信息都需要通过精细的市场调查与分析来获得，进而做出最精准的营销战略，使企业立于不败之地。

试想一下，如果你对你所在的市场一无所知，或是一知半解，那么，还怎么做市场？还怎么能在这个市场生存？对于企业来说，无论是促销活动与手段，还是经营过程中出现销售下降问题，抑或是平衡与顾客之间的关系，这些都必须依靠市场信息分析来获得。所以，市场信息分析人员在企业中具有举足轻重、不容忽视的作用。

【工具运用】

一、市场信息收集与分析的意义

众所周知，市场信息收集与分析对企业非常重要，是企业在制定经营战略和策略，以增强市场竞争力时的重要依据。很多时候，市场信息收集与分析起着运筹帷幄、决胜千里的作用。

营销管理起始于市场信息的收集，同时贯穿于整个过程，是营销运营过程的四大支柱之一。可是，虽然其地位重要，但有时候也会受到限制。精确的市场信息收集与分析，会产生正面效果，提出准确的行销建议。信息分析报告在某些时候只是一份调查结果，最终的决策权掌握在决策者手里。市场信息收集数据只是代表市场状况有可能会发生的情况，而且，在信息收集过程中，因为方法不同，所得到的结论也是不能一概而论的。

市场信息的收集有一定的时效性，如能最早掌握信息并将其转化为市场优势，那么在经营上就占据了主动权。市场信息可以为个人或是企业带来不同程度的效益，如经济效益、社会效益。

二、市场信息收集方法分析模型

市场调查不是简单的一句话，更不是模糊的敷衍了事，而是一项极为复杂与精细的工作，它涉及到方方面面，需要极为细致地进行调查、筛选。如果想要整个调查工作进行得顺利且高效，并达到所预想的结果，那么，就必须有一个系统的调查方法，不同市场不同对待。下面是市场调查的基本方法解析模型。

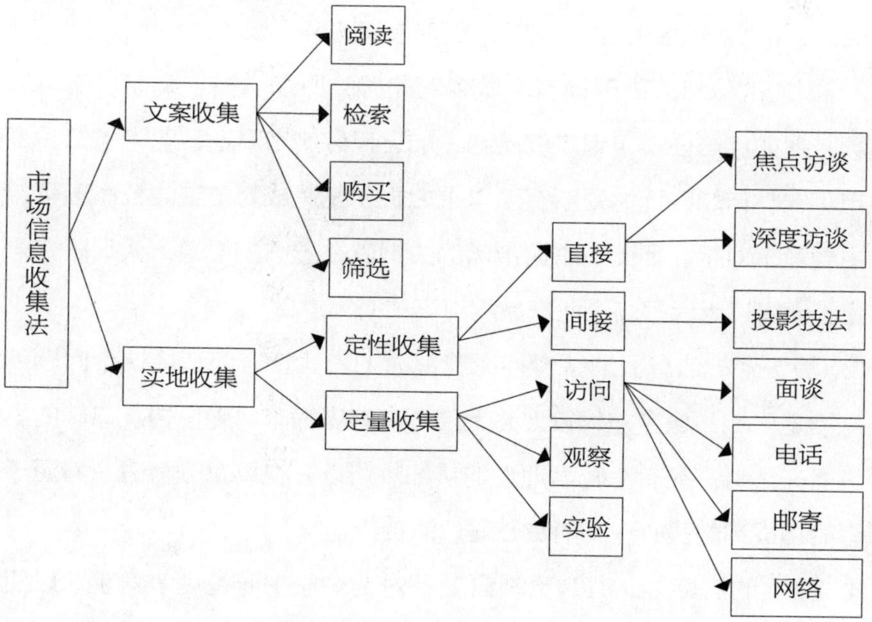

从上图可以看出，市场信息的收集有很多种方法，只有信息越精准、全面，才能在行销过程中越顺利。

三、市场信息类型

市场信息所涉及的方面极为广泛，内容也是包罗万象，就算是边缘信息有时也能起到重要作用。它为决策提供支撑，信息转化成决策不是简单的汇总，而是需要经过复杂的处理过程。市场信息多变又复杂，而且，现如今是市场信息高度发达的年代，因此，甄别有效的市场信息就显得尤为重要。下面就来看一下市场信息所涉及到的主要内容有哪些。

1. 产品的信息。市场信息的基础便是产品信息，企业的竞争说到底还是产品的竞争。产品的信息除了行业内的，还包括产品名字、包装、规格、特点、未来的发展等。就矿泉水来说，所要了解的信息有市场上主要的矿泉水产品有哪些品牌、价格、包装形式、种类特点、产品独特之处等。这只是直观信息，还需要对未来做出推测，即推测信息。就是将来会出现怎样的产品？会有哪些被淘汰？哪些更受欢迎？作为一个决策人，当掌握了这些信息，便能做出精准的判断，制定未来的产品战略。

2. 渠道的信息。由于地域、城乡的差异，所以掌握了渠道也就掌握了市场。就如宝洁公司，因定位高端，加之只做城市渠道，忽略了二、三线城市和农村市场，让纳爱斯有了可乘之机，迅速成为了宝洁公司不可忽视的主要竞争对手。因此，掌握市场的关键就在于掌控渠道，认真研究渠道信息，便可以大大提高企业产品的市场占有率。

3. 消费者的信息。消费者存在着很大的差异性，而造成这个问题的主要原因是区域与城乡差异较大。大部分消费者很容易受广告及口碑的影响，进而无法对产品有个较为理性的认知。所以，在调查分析时应着重于消费者的构成和购买心理、消费心理、消费行为等。

4. 策略的信息。此时的策略信息针对的对象主要是竞争对手，以竞争对手的市场行为来判断与分析其所应用的市场策略，对竞争对手的想法与行为进行深入了解，进而做出正确的反应，制定出精确且符合自身产品的市场策略。市场竞争本无定式，策略信息大都也是靠分析，因此，当你选择了对的竞争对手，并对对手及自身做出正确的评估，那么，便能出奇制胜。

5. 战略的信息。世事无常，哪个行业都不是经久不变的，这里的战略信息主要针对行业里所发生的重大变化。就化工及造纸等行业来说，国家颁布的关于环境保护的法律，就会对其造成巨大影响。再比如行业内发生诸如破产、并购、重组、上市等企业重大战略变化的，也会对行业造成深远影响。获取准确的战略信息对于企业来说非常重要，相当于为企业打下了应对市场、把握机遇的基础。在企业制定战略、规划未来发展方面有着重大作用与意义。

【招式提示】

- 对市场信息进行深入了解之后，就要有一个系统的管理体系，让这些信息得到有效的利用，成为决策层重要的参考依据。
- 为使市场信息得到充分利用，企业应设立专门负责信息管理和处理的部门，然后由专门人员对多种多样的市场信息进行初步的分析，制定不同方案，再由决策层做出最后决定。
- 明确、细化不同部门、不同人员的信息收集，比如市场人员对应行业及政策信息，销售人员对应竞品、新品、消费者信息等。
- 对于所收集的市场信息建立一个管理流程。还有，企业对于信息提供者应有一定的奖惩制度。

市场定位分析

【开篇引论】

市场定位出现于20世纪70年代，即在市场上，企业根据竞争对手现有产品所处位置，针对潜在顾客对该产品的心理特征，为自身企业产品设计营销战略，塑造鲜明的产品形象，并将这种形象传递给潜在顾客，使产品在顾客心里保留深刻的印象，这样便取得了一定的竞争力，进而可以在市场上确定企业产品的正确位置。

在市场上，不泛这样的产品：明明是一个非常好的产品，可是很快就在市场上陨落了，究其原因，大部分源于企业对产品没有一个正确的市场定位。一个产品，如果没有一个正确的市场定位，很可能没有走入市场或是刚刚进入市场就会被淘汰。市场定位有其存在的特殊意义，它可以让顾客认识到你与其他企业之间的区别，让企业在顾客心中保有一定的特殊位置，简单概括就是，让产品在顾客心中树立其独特的形象。

【工具运用】

一、分析市场定位

市场定位有三个层次：即行业定位、企业定位和产品定位。对于行业的定位直接影响着企业与产品的定位，企业定位决定了在竞争中，企业所采取的不同策略。对产品的定位主要是企业相较于竞争对手寻找出自身产品的独特竞争力。

市场定位包含现有产品再定位与潜在产品预定位。对于现有产品再定位来说，会对产品的名称、价格及包装有一定程度的改变，但并不影响其发展，其主要的目的在于让产品在潜在顾客心中留下值得购买的特殊形象。对于潜在产品预定位，这就需要企业先研究竞争对手的产品，看这款产品有哪些特色，分析顾客对于这款产品的重视程度，然后推出自身产品具有竞争优势的特色与形象。

二、市场定位内容分析模型

对于市场定位的内容可以细分为很多方面，对于每一方面的分析都要面面俱到，这样才能进行更为精确的定位，下面我们来看一下市场定位内容的分析模型。

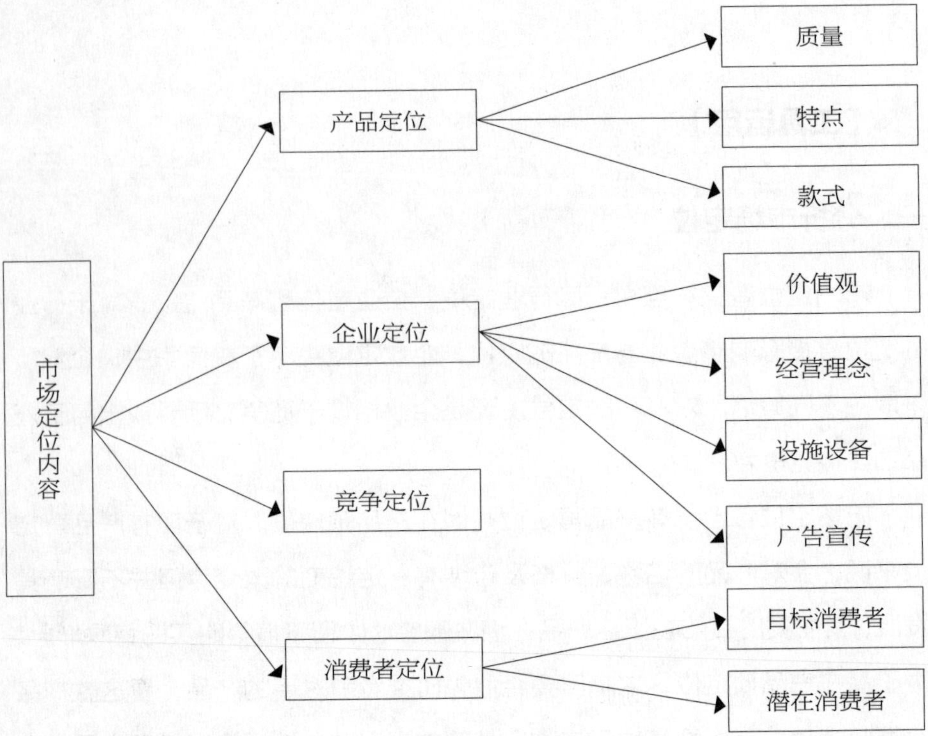

从图中我们可以看到，分析市场定位需从多个方面入手，这样才能将产品放入一个最合适的位置，从而达到预期的效果。

三、影响市场定位的因素

影响市场定位的因素有很多，对于产品的市场定位，不同的企业采取的方式也会不同，而且，就算是同一家企业，在对产品进行市场定位时也会运用不同的方式。影响市场定位的因素主要有以下几个方面：

1. 产品的属性。不同产品因其属性不同，便可根据其鲜明的属性特征来进行定位，与其他产品进行明显的区分。

2. 产品的性价比。在进行市场定位时，产品性价比优势是很重要的战略选择方式。

3. 产品的功能。现在的消费越来越受产品独特性的吸引，如手机拍照，大多企业的产品定位便是手机强大的拍照功能。

4. 产品的类别。大多数时候，产品的类别与特定需求会让人直接产生品牌联想，如当头脑中出现快餐时，就会联想到麦当劳一样。

5. 消费者。消费者类型不同，对产品的需求也会不同，因此，定位更加关注的是消费的个性与类别。

6. 竞争者。企业在确立市场定位时，可参考竞争对手的定位，这也是一种行之有效的定位方法。

四、市场定位的依据

进行市场定位时，企业可以从多个角度入手，形成属于自己的竞争力。市场定位需遵循一定的原则，如以产品的特点、产品的成分、所用材料、质量以及价格等来进行定位。比如七喜汽水，以“非可乐”进行定位，所强调的就是其饮料不含咖啡因，区别于可乐类的饮料。在进行市场定位时，可根据产品的特定使用场合与用途进行定位，为现在产品开发新的用途。对于顾客来说，更关注于切身利益，企业可根据这点来进行利益定位。

企业针对市场定位所依据的原则并不是单一的，为体现企业和产品的特殊形象，可以运用多个原则。

【招式提示】

- 市场定位会有一定的差异性，这里所指的差异性是与已出现品牌之间的类别区别，而非产品的特殊功能利益。
- 市场竞争愈加激烈，中间发生变化是难免的，因此更要求市场定位的准确性。在市场上，如果轻易改变定位，结果可能会不尽如人意。但事事无绝对，并不是所有的市场定位都能达到营销目标的，因此，在发展新市场或是竞争需求的时候，便可以重新定位，但风险也会随之加大，故应谨慎为之。

- 企业产品发展到一定阶段必会进行品牌延伸，可是，通常会使市场定位变得模糊。所以，在进行市场定位时，一定要从长远发展考虑，将企业的现在与未来都考虑进去，即便需要延伸品牌，也应是高品质的产品，否则，原有产品也会因此受到影响。

目标市场确定

【开篇引论】

目标市场的确定不是简单的一句话，而是需要企业结合自身的条件及各种因素而做出的对企业最有利的决策。

所有市场的组成都离不开消费者，消费者因需求与购买行为存在一定的差异性，因此，市场也将细化为许多分市场。对于企业来说，进入某个市场，想要满足全部消费者的所有需求是不可能的。企业为提高经济效益，会对市场做出一个选择，即将自身经营活动限制在部分市场内。也就是说，企业会以极具吸引力且自身能提供有效服务的部分市场作为目标，这就是目标市场确定。

从某个角度看，企业的竞争就是目标市场的竞争，其他一切竞争都是以目标市场竞争为中心的。目标市场的确定就是企业在为自身选择营销对象，对于企业来说，明确具体的服务对象，关乎企业发展目标与任务的落实，在制定营销战略中起着至关重要的作用。

【工具运用】

一、确定目标市场

确定目标市场，首先要对市场进行细分，一个整体市场，通过不同的标准与方法，便可分为许多细分市场，但多数无实际价值，所以，确定的目标市场应满足以下条件。

1. 处于不饱和状态。一个企业，进入某一市场的主要目的就是寻求利益。当企业所进入的市场处于饱和状态或是正走向萎缩，那么，企业是很难得到发展的。每个市场都有其独特的吸引力，当你与竞争企业采用同一思维，把目标市场定为规模最大，吸引力最大的市场，同争一个客户群，那么就会造成一种局面，即过度竞争、社会资源浪费。

2. 稳定的顾客需求。这个市场的顾客群有很长一段时间内，其需求应是处于一种相对稳定的状态，只有这样，企业才可能有效地去开发这个市场，以达到所期待的效果。相反，当需求变化太过频繁时，企业就会面临很大的风险。

3. 存在可进入性。企业通过广告媒体或是促销手段等可以进入这个市场，并与消费者进行沟通，进而通过分销渠道，让自身产品进入到这个市场，最终到达消费者手中。

4. 与企业的目标与能力相符。并不是所有市场都能使企业达到最终目标的，即便吸引力再大，如果无法使企业实现发展目标，甚至会分散企业的部分精力，最终无法完成主要目标，那么，放弃该市场则是最好的选择。另外，在确定目标市场时，应考虑该市场，企业是否有条件进入，是否能发挥自身的资源优势。

二、目标市场确定的策略分析

目标市场的确定最主要的是让企业明白是为谁而服务的。企业应对细分后的市场做一个精确的评估，以便确定目标市场。企业在面对不同的目标时，所采取的营销策略也不同，下面是几种不同的策略。

1. 差异策略。企业服务于每个细分市场，并设计提供不同的产品。企业将产品定价、渠道、促销等稍加改变，以此来适应细分市场的需求。其策略有利有弊，“利”在于通过不同的市场营销组合对不同的细分子市场提供服务，让不同顾客群的需求达到最大的满足。当产品种类在不同子市场占据优势时，就会为企业争取到更多的顾客，还会增加顾客的信任感。而且因多样化的渠道与产品线进行销售，在一定程度上扩大了销售总额。“弊”在于营销成本的增加及无法有效集中企业资源配置。

2. 无差异策略。对于整个市场只推出一种产品，将子市场看成是一个大的目标市场，这种策略的利弊也较为明显。“利”在于成本减少，而且可以节省部分促销费用及市场调研、产品开发等的营销开支。“弊”在于使消费者的特殊需求无法得到满足，这种情况，无论是对企业还是消费者来说都是不利的。此时，如果有企业推出满足消费者特殊需求的产品或者服务，那么就会给采用无差异策略的企业造成很大冲击。

3. 集中策略。集中企业的全部力量，争取一个或者少数几个性质差不多的子市场，并在较少的子市场上抢占大部分市场占有率。这种策略也并非十全十美。“利”对于中小企业和首次进入新市场的大企业很有效，因其服务对象较为集中，便可对特定市场有个深入地了解，掌握有效信息。“弊”在于当目标市场发生恶变，就会使企业限入艰难的困境，因为企业所有的希望都集中在这几个特定的市场上，因此，可以多选几个子市场，以此来分散风险。

在确定目标市场策略应慎之又慎，虽然没有永恒且绝对正确的策略，市场也讲究灵活性，但目标市场策略的确定在一定时期应保持相对稳定的状态，同时，要时刻关注着市场动态与竞争者动态。

【招式提示】

- 目标市场的确定必须要有较大的购买潜力，而且这种购买力有较长的时效且持续稳定。
- 目标市场的确定通常来说，前提就是发挥自身的竞争优势。可以去选择没有同行竞争的市场或者竞争对手较少的市场。结合自身优势，确定目标市场便可相对减少竞争成本，让机会大大增加。
- 在目标市场确定之前，一定要对自身产品有个正确的定位，如果自身产品,就对消费者意义而言,没有别具一格的形象,那么是很难取得成功的。

4R 市场营销组合策略

【开篇引论】

4R 营销最早出现在 21 世纪，其核心是关系营销，重点在于建立顾客忠诚度。企业在选择目标市场时，会对自身环境、能力、竞争状况等可控因素进行研究，并进行最佳组合与运用，最终达到目标，这便称为市场营销组合，它也是制定市场营销战略的基础所在。

市场观念随着市场营销组合的出现而发生了转变，目前的市场营销观念的核心是围绕着目标顾客，实行市场营销组合，从中获取利益，以达到最终的营销目标，市场营销组合是非常具有意义的营销手段。

【工具运用】

一、4R 营销要素

在 4R 策略的营销新理论里，提出了全新的营销要素，即关联、反应、关系、回报。下面就具体分析一下这四个要素。

1. 关联。从某方面来讲，企业与顾客之间存在着微妙的关系，就如同命运的共同体，企业经营的核心理念与重要内容就是建立、发展和顾客之间的长期关系，并在市场变化的动态中保持着长久互动关系，进而赢得相对稳定的市场。

2. 反应。顾客需求千变万化，这是个相互影响的市场，对于企业来说，最重要且现实的问题并非制定与实施计划，而是要与顾客站在同一个角度，学会倾听顾客的意见，并寻找、发掘顾客的渴望和不满，预测可能发生的演变。为了在市场变化中能快速作出反应，企业可以建快速反应机制。

3. 关系。在新的市场环境下，企业与顾客之间也发生了本质性的变化，企业应与顾客之间建立起长期且稳定的关系，即朋友关系，实现顾客固定化。不做一次性销售，重视长期利益，强调建立友好合作关系。

4. 回报。无可厚非，企业是追求市场回报的，任何的交易和合作关系的巩固与发展，最终都归结于经济利益的问题，企业要想进一步发展并与市场保持良好关系，那么不追求回报是不现实的。

二、4R 营销特点

1. 以竞争作为导向。目前市场竞争日趋激烈，4R 营销的新思路是，以企业与顾客建立互动和双赢关系入手，在满足顾客需求的同时，主动创造需求，与顾客联系在一起，形成企业自身独特的竞争力。

2. 落实关系营销思想。4R 营销从真正意义上体现且落实了营销思想，并有具体的操作方式，如怎样建立关系、长期拥有顾客、保证长期利益等，这在营销史上也是一个非常大的进步。

3. 实现互动与双赢。在建立企业与顾客关联、互动与双赢的关系上，反应机制从中提供了基础与保证，也让营销更为便利。

4. 追求回报的同时兼顾到成本与双赢。企业在追求利润时，会走上低成本战略的路，成本最小化，以此赢得更多的顾客市场，达到一定的规模效益。进而，企业提供价值与追求回报将相辅相成，相互促进，最后达到双赢的结果。

4R 营销为企业和营销人员提供了很好的思路，市场存在风险，变化无处不在，了解和掌握 4R 营销则可以大大降低市场风险。

【招式提示】

- 企业要与顾客紧密联系在一起，和顾客在业务与需求方面建立关联，形成一种互助、互求、互需的关系，减少顾客流失量，进而赢得相对稳定且长远的市场。
- 现如今还是有很多企业不停在向顾客陈述，却忽略了最重要的一点，那便是倾听。多听听顾客的需求与渴望，并及时做出反应，满足顾客的需求，这对于企业的长远发展十分有利。
- 多与顾客沟通，建立与顾客的互动关系，与顾客建立起长期稳固的关系。

4C 市场营销组合策略

【开篇引论】

现如今的生产与管理模式是大规模定制，结合了大规模生产与定制生产两种生产模式，以低成本向多元化细分市场生产与销售满足顾客个性化需求的产品与服务，形成销售到生产再到服务的一体化模式。

企业要将自身销售出去，向顾客提供低成本且高质量的个性化定制产品与服务，就应该捕捉细分市场中个性化顾客需求的信息，与顾客进行直接地交流。传统的市场营销方式以推销为中心，显然已不再适应这个大规模定制生产模式了。

所以，一种新的生产与管理模式的出现必有一套新的市场营销方式与之相对应。大规模定制的起点是市场，从中发掘顾客的个性化需求，进而制定出综合的市场营销组合策略，以达到双赢的局面。

【工具运用】

一、4C 营销的内容

4C 营销组合策略最早出现于 1990 年，其以顾客需求作为导向，对市场营销组合的四个基本要素进行了重新设定。4C 营销组合的内容包含：消费者、成本、便利、沟通。具体内容如下：

1. 消费者。主要指的就是消费者的欲望与需求，企业的首要任务就是了解与研究消费者，以消费者的需求为依据提供相应产品与服务。从另一个角度看问题，创造消费者要比开发产品显得更为重要，企业的宗旨是为消费者提供所需求的产品，而非自身想要制造的产品。

2. 成本。这里成本包括企业生产成本（企业生产适合消费者需求的产品成本）和消费者购买成本（时间、精力、体力的耗费、货币支出、购买风险），所以说，企业必须降低成本在消费者支持的价格限度里增加利润。

3. 便利。企业在销售过程中，应着重于为消费者提供便利，既让消费者购买到产品，又觉得便利。这就需要企业对消费者进行深入了解，将便利占据营销活动的整个过程，即做好售前服务，在销售过程中针对产品为消费者及时提供准确的信息，做好售后服务。

4. 沟通。在企业发展过程中，与消费者之间的双向沟通是非常重要的。企业要想实现目标，可以尝试多种营销策划和营销组合，如效果不理想，那便说明企业或者产品未完全被消费者接受。此时，应加强双向沟通，最终做到适销对路，与消费者建立起良好的关系。

从上述内容可以看出，4C 市场营销组合是以消费者为导向的，其主旨始终围绕着消费者。企业是根据消费者的需求与欲望来提供产品与服务，根据消费者支付能力来进行定价的，又是从为消费者提供便利而设定营销渠道，通过与消费者沟通来建立关系的。一切都围绕着消费者，这是一种由外而内的拉动型营销模式，营销人员与消费者之间的互动将决定了企业产品的命运。

二、4C营销的不足之处

4C营销侧重于消费者的需求与欲望，从另一角度看，比如企业的营销实践与市场发展趋势看问题，4C营销还有些不足存在，如：

1. 导向问题。4C营销立足的是消费者导向，但市场经济所要求的是竞争导向。两者相比，区别在于，消费者导向所看到的是崭新的消费者需求；而竞争导向不仅看到了消费者需求，同时也看到了竞争对手，从而在竞争中，分析自身的优势与劣势，进而采取相应对策，在竞争中为自身谋求发展。

2. 消费者需求与企业实际情况不协调。对于消费者来说，总是希望产品不仅质量好，而且价格低。如企业只是单单为满足消费者需求，那必定会遭受损失，长此以往，会影响企业前进的脚步，企业要从长远考虑，必遵循双赢原则。

3. 过于被动。4C营销并没有体现出既赢得了消费者，又与之长期保持关系的营销思想，只是被动地去适应消费者的需求，对于操作性问题，如快速反应等并没有彻底解决。

4C营销一直被企业所关注，因其过于强调消费者需求，却忽略了消费者需求的多变性和个性化发展，因此，企业总是会不断地对产品结构进行调整，进而成本增加，利润缩小。但一切问题并不能全都归于4C营销，很多方面还是很值得企业去深入了解的。

【招式提示】

- 企业在与消费者进行沟通时，应关注消费者潜在及实际的需求，并慢慢诱导出消费者的特殊需求，进而对消费者需求进行分析。根据分析的结果，制定满足于消费者需求的方案。

- 对消费者所期望的价格进行调查与分析，然后设计开发产品、定价，而非先把产品设计出来，然后以成本及价值来定价格。
- 企业为解决消费者购买便利问题，应建立可以满足消费者购买需求的大规模定制营销渠道。加强与消费者之间的情感交流，将其发展成固定消费者。

4P 市场营销组合策略

【开篇引论】

营销策略组合最早出现于 1950 年，出发点是企业整体营销目标，进而对营销要素进行统筹与协调，将各种要素组合起来的人便是企业领导者。关于营销活动的因素可以归结为产品、品牌、包装、定价、调研、渠道、推销、广告、推广、展示、售后以及物流等。对于这些要素，一些营销学者提出过不同的组合方式，如供应物因素，与消费者有着密切关系的要素，包括产品、包装、品牌、价格、服务。还比如方法和工具，与企业有着密切关系的要素，包括渠道、推销、广告、推广等。后来还出现三元组合，如产品与服务组合、分销渠道组合、信息与促销手段组合等。

后来，出现了 4P 市场营销组合，这也让市场营销学概念有了新突破。

【工具运用】

一、4P 市场营销组合的内容

4P 市场营销组合大致分为四个内容，即产品、价格、渠道、促销。具体内容如下：

1. 产品。在这里，产品指的是任何能满足消费者需求的货物及服务，或者是其组合。对于产品的要求是有独特的卖点，在开发产品时，注重其功能的开发。

2. 价格。因为市场定位的不同，所以，价格策略也会随之不同。企业的品牌战略是产品定价的依据，品牌的含金量是制定价格战略优先考虑的因素。

3. 渠道。一般来说，企业是不直接面对消费者的，主要渠道就是经销商与销售网络。

4. 促销。企业通常会通过促销来刺激消费者，以此来吸引其他品牌的消费者。企业会从环境因素和营销目标等方面进行研究，然后选择合适的促销方式加以运用。

二、4P 市场营销组合的意义

4P 营销理论从某种意义上来说为管理营销奠定了基础理论框架，此理论对影响企业营销活动效果的因素进行分析，大体可分为以下两种：

1. 不受企业控制因素。作为企业，无论大小，都有其不可控制的因素存在，如政治、法律、经济、人文、地理等，这些都被称之为外部环境，是企业不可控因素。

2. 企业可以控制因素。企业可控因素有生产、定价、分销、促销等，这些都是由企业内部决定的。

运用企业内部可以控制的因素去适应外部环境，这个过程就是企业营销活动的实质所在。当一个企业生产出的产品适应市场，定出的价格合理，分销渠道运用适当，加之促销活动做辅助，那么，企业终将会走向成功，所以，制定并实施有效的市场营销组合便是市场营销活动的核心所在，具有非凡意义。

【招式提示】

- 在应用 4P 营销组合时，应充分了解企业产品的性能、特点、包装及服务如何，以便给产品一个正确的定位。
- 企业只有将产品信息传递给消费者，才能促成消费行为，所以，促销手段的选择尤为重要。
- 企业还应考虑一个问题就是，选择正确的渠道，才能顺利将产品送达消费者手中。在 4P 营销过程中，企业可控因素也是其进行市场营销活动的手段，只有充分利用，形成企业自身市场营销战略，才能让企业更有竞争力。

工具 3

知己知彼，决胜千里：竞争对手管理

- 竞争对手的界定与分析
- 竞争对手信息收集
- 竞争对手战略分析
- 竞品成本分析
- 竞品市场动态分析
- 潜在竞争者防御措施

竞争对手的界定与分析

【开篇引论】

在当今，不管你从事的是哪一个行业，总会听到有人说："压力大！""竞争激烈！"等之类的话。的确，随着社会的高速发展，各行各业似乎都充满着压力，竞争力也愈加强烈。

对于一个企业来说，竞争力是促使自己发展壮大的动力，也是威胁自己提升业绩的阻力。从经济学的角度讲，竞争力是社会、企业发展必须存在的一种产物。在商场中，当一种产品面世之后，只要市场需求足够强烈或者有市场需求，在短时间内就会出现很多同类产品，也就是我们通常说的竞品，竞品的生产者即为竞争对手。

一个企业的主要竞争力便来自于竞争对手，而要在市场中取得好的业绩，立于不败之地，除了做好自己的产品，了解消费者的需求之外，最重要的一点就是了解竞争对手。俗话说："知己知彼，百战百胜。"企业产品营销管理中，研究分析竞争对手是制胜的重要因素之一。

【工具运用】

一、界定竞争对手

分析竞争对手，首先要确定竞争对手，哪些是你的竞争对手，哪些不是你的竞争对手，只有正确地确定了竞争对手，我们后期的分析才会有意义。

所谓竞争对手，是指那些和你向相同的客户销售功能相同、类似的产品或提供相同、类似服务的经营者。

可以分为直接竞争对手和潜在竞争对手，所谓直接竞争对手，是指对方和你的企业处于同一个战略群组中，就是说对方的战略方向、定价方法、面对的客户群体、提供的服务、所生产的产品、相关技术等与你的企业极为相似。反之，则可以称之为潜在竞争对手，显然，与直接竞争对手之间的竞争要比潜在竞争对手更加直接、激烈。

二、竞争对手分析模型

分析竞争对手是一个系统的工作，其中包括多种因素和多个环节，如果某一个环节或某一个因素缺漏或者分析不到位，都会或多或少地影响整个分析工作，下面是一个竞争对手的分析模型。

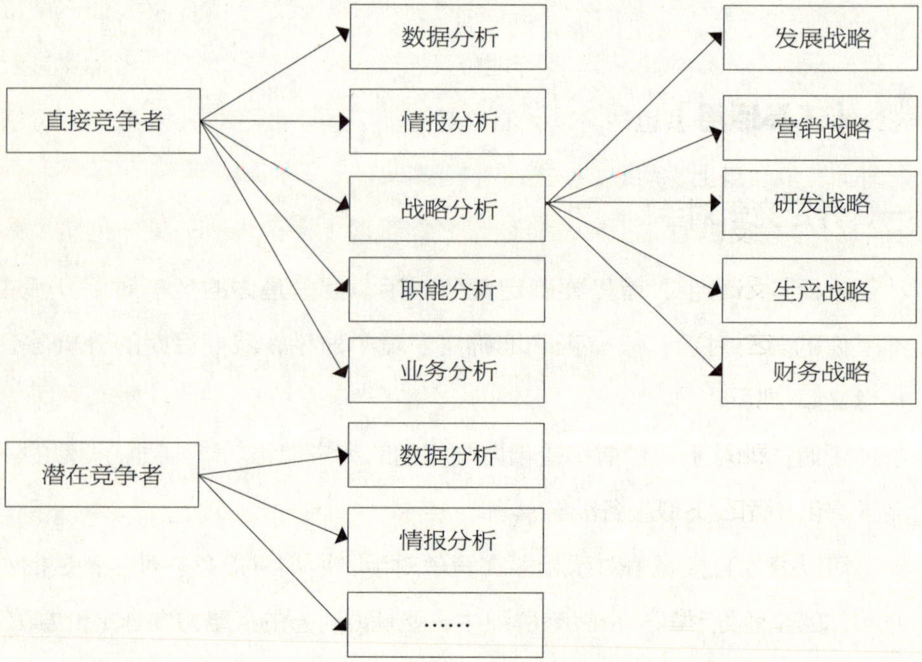

从上图我们可以看到，分析一个竞争对手需要从多个方面入手，这样才能对竞争对手有一个详细的了解，从而做到知彼知己。

三、竞争对手的竞争反应

竞争过程既是一个互相博弈的过程，要在这场博弈中占据一定优势，一是要正确选择竞争对手；二是要正确判断对手的思路。其中分析竞争对手的思路对我们采取正确的竞争策略非常重要，分析的主要切入点便是竞争对手的反应。总体来说，竞争对手对竞争的反应主要有以下几个方面：

1. 没有任何行动。对于市场环境的变化对方没有采取任何行动。其原因有三个方面：第一，对方对自己顾客的忠诚度及产品或服务非常自信；第二，对方没有反击的能力或者资源。第三，对方觉得还没有到反击的程度，也就是他们觉得没必要反击，没有对自己造成威胁。对于这类竞争者，我们要格外慎重。

2. 全面防御型。对于市场环境的变化及竞争对手的攻击，他们做出了全面防御，以确保自己原有的地位及市场影响力。这类竞争者的这种反应，对付一个竞争者也许可以，但是对付多个竞争者容易出现漏洞。因此，在这类竞争者身上你可以找到很多发展机会。

3. 死守反击型。主要特点是反击范围集中，表现出一种宁死抗争的信念。由于反击范围比较集中，因此这种反击通常比较有效，而且持久力较强。对于这类竞争者，要避其锋芒，从它的劣势入手。

4. 强烈反击型。这类反应的竞争者，对威胁自己领域的所有竞争者都会发出强烈而且迅速的反击。最常见的便是宝洁公司，它绝对不会让任何一个竞争者的洗涤剂轻易地投放市场。这类竞争者向对手传达的信息是：最好别惹我！

5. 选择反击型。这种类型的竞争者只是对某些方面或者某些企业的竞争做出反应，而对于某些企业的进攻并不会做出强烈的反应。对于这类竞争者，要了解其反击的规律，避免进行正面冲突。

6. 随机反应型。这类竞争者面对竞争的反应最不确定，通常难以预测它会采取哪一种反击方式，或者会针对谁。尽管对于这类竞争对手有时候我们难以捉摸，但还是有章可循的。从对方在什么情况下会做出反应、会针对谁做出反应、采取什么样的措施、反应的强度如何等方面，就可以对其有一个系统的了解认识。

【招式提示】

- 对竞争对手准确界定之后，要对每一个竞争对手进行尽可能深入、详细的分析。弄清楚每个竞争对手的长远目标、现行状况及战术。了解竞争对手的基本轮廓，特别是行业变化，以便在制定应对措施时提供有效的参数。
- 在界定竞争对手时，注意判断哪些是良性竞争者，哪些是恶性竞争者，以便在应对反击时制定不同的措施。

- 由于竞争环境的重要性，企业最好能够建立监测、分析竞争者的系统，这样有助于我们及时、系统的了解竞争对手的状态。

竞争对手信息收集

【开篇引论】

有竞争才有进步，现如今是互联网飞速发展、经济全球化的时代，竞争也不单单是小范围的竞争，而是全球竞争，企业如果想在激烈的竞争中寻求发展，就必须对信息的收集和利用重视起来，尤其是竞争对手的信息收集，更能为企业未来的发展提供有利条件。

当企业确定了竞争对手，进入了竞争阶段，那么信息收集在整个竞争过程中就会更加重要。我们常说“知己知彼，百战不殆”，而这里的“知彼”就是了解对手，但其有一个前提，就是成功收集到竞争对手的相关信息。

当企业获得竞争对手的相关信息，便能从这些信息中对竞争对手有一定了解，并通过这些信息来为自身进行市场定位。从收集的信息中，企业还可以取长补短，制定出符合自身的市场目标。

当然，这个收集过程的前提必须是合法、正当且遵守职业道德的，因其具有对抗性，对方肯定不会乖乖将信息送上门，甚至可能运用各种手段去阻止，所以，就要求收集信息的人更为谨慎，在不触犯道德底线且合法的前提下去收集有用的信息。

【工具运用】

一、竞争对手信息收集的方式方法

走在产品竞争最前沿的是零售终端，要想掌握竞争对手的最新策略，只要透过零售终端看竞争对手和竞品的表现即可。其实，这里还存在一个误区，有些企业看问题只看表面，他们认为，竞争对手的市场信息是明摆在那里的，根本不需要投入太多精力就可以获取，这也形成了一种现象，一些企业在不完全了解竞争品牌的情况下，采用不适当的营销策略。

凡事都讲究方式方法，收集竞争对手信息也不例外。只有方式方法对了，才能既全面又准确的收集到想要的内容，并制定出符合本企业的营销策略。大体来讲，对于竞争对手信息收集的方式有以下几个方面：

1. 直接收集法。这种方法主要是要求和竞争对手进行直接接触，如参加竞争对手所举办的公开活动，包括交流会、鉴定会等。再比如参观访问竞争对手的经营产所或是与其合作，从中获得有价值的信息。亦或者从竞争对手的员工入手，即与竞争对手的员工进行交流，或招聘从竞争对手处招聘辞职的员工。

2. 间接收集法。这种方法一般都是从第三方处获取信息，这里的第三方有银行、经销商、代理商、供应商等。还可以通过市场调查，如观察、访谈、抽样调查、问卷调查等方式来获取信息。

二、信息收集内容分析模型

竞争对手信息的收集是一项系统且精细的工作，因为在实际的工作环境中，信息是不分大小的，竞争对手表现出的任何细节、行为与动作，或是其他相关表现，都有可能在无形中反映了其最新的发展动向、战略目标，以及下一步的计划。对于信息的收集内容也要事无巨细，即便是在当时看似无关紧要的信息，也不能遗漏，否则，都会对企业的下一步计划造成不良影响，下面是竞争对手信息收集内容分析模型。

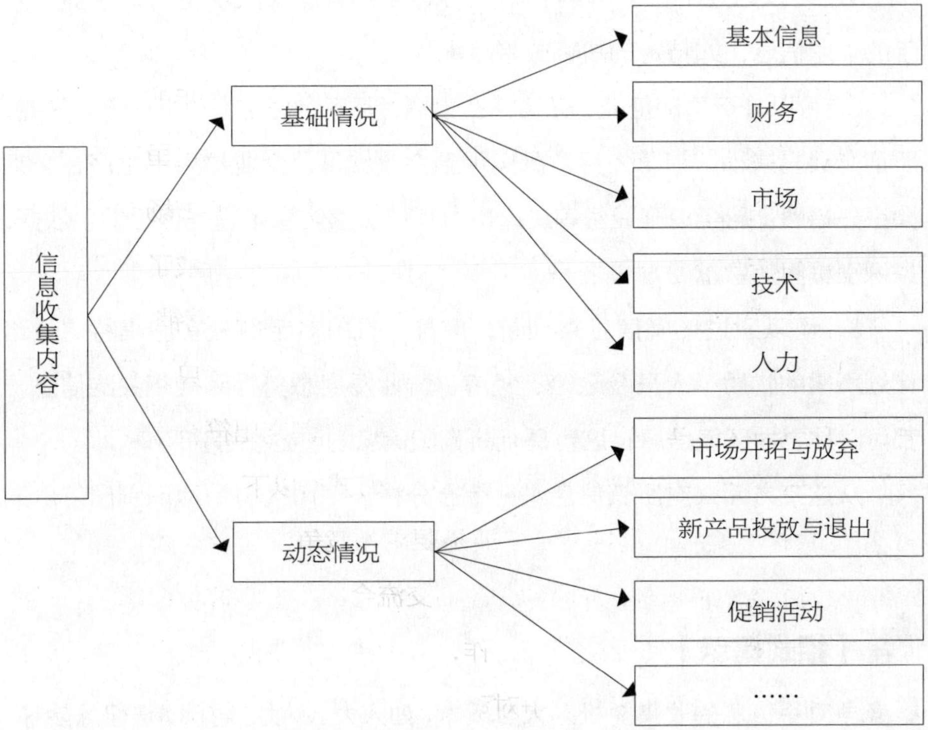

从图中我们可以看出，对于竞争对手信息的收集是非常繁琐的，需要从不同方面着手，这样才能收集全面，才能将竞争对手的目前状况全面反映出来，进而预测竞争对手的未来。然后，以此为依据制定出适合自身的竞争策略。

三、识别竞争对手信息

要充分利用所获得的竞争对手信息，首先要学会如何辨别真假信息。或许换个说法，企业之间的竞争，就是企业情报部门之间的竞争。企业情报部门最该关心的问题是怎样识别真假信息和什么信息有用，能作为情报分析的基础。如果无法正确区分真假信息，以错误的竞争对手信息为企业提供导向，那么，不但会使企业失去机会，还可能遭受重创。

那么，如何来验证信息呢?

1. 可以通过书报、网络、第三方等外部信息源来获得有关于竞争对手的敏感信息，如特定的战略或者战术。

2. 可以分析事前征兆，无论什么事情，都不会凭空发生，一定有先兆，所谓"兵马未动，粮草先行"。运用到企业就是，企业扩大再生产，必须会事先招聘、购买设施设备等。这也为判断敏感信息正确与否提供了依据，是识别真假信息重要方法之一。

3. 可以通过环境信息来判断，但凡与竞争对手有效实施其特定战略计划所需的物质、人员及政治、经济、行业发展态势等因素相关的信息，都可以称之为环境信息，这也是判断真假信息的重要参考资料。

从这三方面来对所获信息进行综合分析，便可以有效地识别出信息的真伪。

【招式提示】

- 竞争对手信息的收集需投入大量成本，如人力、财力、时间、法律风险等。信息的收集也有一定的限制，必须是在有限的时间、财力、物力、精力下进行，最重要的是在道德法律允许的情况下展开收集工作。所以说，在限定条件下，要进行收集工作，必须要有选择、有重点。
- 对于竞争对手信息收集工作，这将是一项系统的工程，必须有组织、有计划地进行，在进行之前，需对相关情况，如人员安排、收集渠道、方式方法、技术手段等，要全面地考虑，进而制定周密的计划，使信息收集工作能够更加规范、标准、有效率。

竞争对手战略分析

【开篇引论】

一个企业在经营过程中，制定的经营战略，其出发点都是为了取得相较于竞争对手而言的竞争力，竞争战略首先要考虑的问题就是，怎样才能取得并保持这份竞争力。一方面企业可以主动出击，进而取得主动权，获得竞争力；另一方面，企业可以采取积极的战略防御，以此来保持竞争力。

那么，如何才能制定出更为全面且长远的营销战略呢？其实，企业可以以竞争对手的经营战略为基点，分析竞争对手战略，不能浅尝辄止，有很多营销人员在对竞争对手战略进行分析时，仅仅是做出感觉上的判断，其实，这种判断毫无根据，也没有任何价值和意义。只有深入了解，全面分析，才能从竞争对手那里找到突破口，为自己赢得市场。

【工具运用】

一、竞争对手战略

要获悉竞争对手的优劣势，进而调整自身营销战略，就必须对竞争对手的战略进行研究分析，而且，要从多个方面入手。

1. 分析职能战略。首先是营销战略。从以下几方面分析：相对于自身产品及服务，竞争对手采取的什么战略？与自身所占子市场的规模相比，竞争对手所占多少市场份额？竞争对手对于新型服务、服务产品质量、广告促销等都采取怎样的态度？营销目标是什么？面对市场变化的反应如何？其次是生产作业战略。从以下几方面分析：竞争对手的生产规模、位置和产品范围是怎样的？生产能力如何？营运资本是多少？再次是研究开发战略。从以下几方面分析：竞争对手的研发经费预计是多少？新产品的引进情况如何？对于业务的发展与扩张，竞争对手是否有足够的资本？

2. 分析业务单位战略。此分析主要针对业务单位的水平，这样才能更清楚竞争对手的整体战略中每个业务适合哪部分。要了解这一问题，就需要对业务单位的作用、目标、组织结构、战略及领导地位、业绩等方面进行研究分析。对于竞争对手整体投资组合中的地位分析也不容忽视。

在分析竞争对手的营销能力时，万不能只看到对方表面的战略，深入分析竞争对手营销战略的方方面面，如产品风格、广告、促销活动等，这些是非常重要的。

二、竞争对手战略追踪

无论哪个行业都少不了竞争，要在行业内有占有一席之地，除了有相较于竞争对手的竞争优势外，还要了解竞争对手的战略。有人说，营销人员最主要的任务不是努力销售多少产品，而是分析竞争对手。从实际出发，这种说法也不无道理。对于竞争对手战略的追踪，在很大程度上帮助了营销人员制定自身的营销战略，这种追踪对中小型企业非常适用。每天多想想：我的主要竞争对手在做什么？我应该怎么做？当你对竞争对手的战略越来越了解时，你已成功了一半。那么，如何高效且全面地追踪竞争对手呢？大致可分为以下几种方法：

1. 运用社交媒体与邮件。从社交媒体上关注你的竞争对手，全面了解其动向。作为一名普通消费者，注册竞争对手邮件服用与促销活动，此时你会对竞争对手所提供的产品促销活动有个全面的了解，也能从中分析出其是怎样与你竞争的。

2. 让自己成为消费者。亲身体验竞争对手的服务，可以是网购，也可以是去实体店，感受一下购买的过程，从中了解竞争对手对产品分类、推销、定价是如何进行的。

3. 进入对方展销会。竞争对手的产品信息、手册、价格等都会在展销会中有所体现。

4. 对对方网站进行监督。观察并学习竞争对手的网站，了解竞争对手的新产品动向。

只有更为广泛、深入地了解竞争对手的战略，才能对你了解客户营销信息提供更好的帮助，你也可以在这场游戏里处于优势位置。

【招式提示】

- 对于企业来说，要想取得成功，最重要的一步就是先了解竞争对手所走的每一步。抄袭或者重复，都是企业发展的大忌，只有根据竞争对手的活动情况，制定出符合自身的针对性战略，通过革新、有效的手段来击败对手，达到最终的营销目标。
- 应多注重竞争对手的整体战略及观察实际市场，从中得到启示，而不是只关注、依重数据。
- 关注竞争对手战略的主要目的不是为了模仿，而是预测竞争对手的下一步活动，并从自身考虑并提出相应的对策。

竞品成本分析

【开篇引论】

对于企业来说，无论大小，如果要有效地进行生产经营活动或是达到某种目的，就一定会耗费相对应的资源，如人力、物力、财力，而这些资源以货币形式体现出来或其对象化，那就可称为成本。笼统地来讲，成本就是生产与销售某种产品而所需要的全部费用。

何谓竞品，顾名思义，就是竞争对手的产品，而竞品成本分析，就是对竞争对手产品成本的分析。在对竞争对手的分析过程中，评估竞品成本是较为关键的一步，当了解了竞品成本，便可对往后的价格水平及竞争对手的行动做出准确的预测。

竞争无处不在，要想决胜于千里，除了对竞争对手战略的分析之外，还要对其产品成本进行分析研究。在市面上我们经常可以看到这样的情况，两种或几种产品，在原材料、功能等方面都差不多，摆放在一起，价格也相差无几。其实，这也是一种竞争手段，如果，你没有对竞品成本及相关信息进行分析，价格相较于其他同类产品过于昂贵，那么，很容易就会对比出来，除非你的产品相较于其他产品有更值得购买的竞争优势。否则，产品摆上架，在没有显著特色的情况下，消费者肯定会选择性价比高的产品。

【工具运用】

一、模拟竞品成本

从很多方面都体现了一种情况，那便是企业要想在激烈的竞争中取得成功，最基本的组成要素就是有效地对竞品成本进行分析。成本分析的不够完善，便会导致企业只是一味地压缩成本，而使企业产品变得没有特色。如何有效掌握竞争对手产品成本优势呢？可以通过模拟手段，从中分析竞品成本。

1. 产品种类的模拟。本企业如果生产竞争对手的产品，成本是多少？产品对技术和生产工艺有着不同的要求，对于产品种类的模拟，可以让企业发现自身与竞争对手之间存在的技术与生产方面的差异。

2. 生产地点的模拟。本企业如果在竞争对手所在地生产加工产品，成本是多少？生产地影响着投入要素，所以，与竞争对手生产要素成本的差异便可从中表现出来。

3. 劳动生产率的模拟。本企业如果劳动生产率与竞争对手一致，成本是多少？产品单位成本与企业资源的使用效率会受到劳动生产率的影响，有助于企业了解竞争对手过去生产率方面的成本。

4. 运用生产规模的模拟。本企业的生产规模与竞争对手一致，成本是多少？企业竞争力直接受生产规模的影响，以此可以分析出自身和竞争对手在规模上的差别，还有其对竞争力的影响。

二、竞品成本分析模型

竞品成本的分析是一个系统且涉及面较广的工作，其中包括多种因素和多个环节，下面是竞品成本的分析模型。

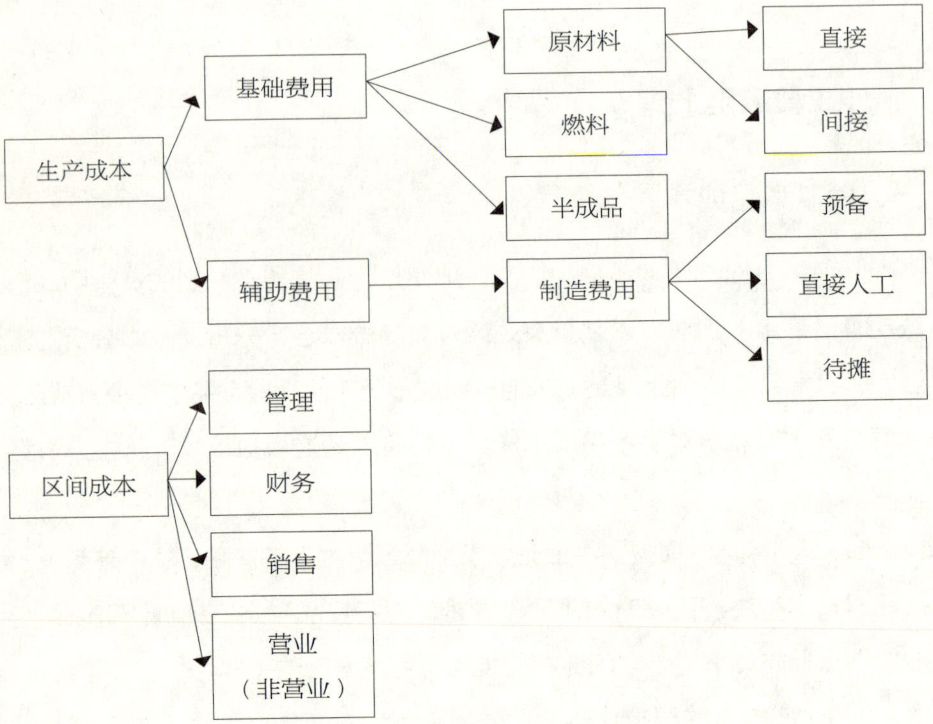

从上图中我们可以看到，竞品成本的分析需要从多个方面入手，这样才能对竞品成本有一个详细的了解，从而结合自身情况做出正确的决策。

三、影响竞品成本的因素

现如今，不论市场大小，竞争都非常激烈，而在生产过程中，由于各种原因，生产成本也是只增不减。在企业的经营过程中，一些活动对于成本有着较大的影响，有的则相对影响较小。而成本的分析对于企业长远发展、保持竞争地位有着深远的影响。所以说，只有深入分析竞品成本，便会有着事半功倍的作用。下面来分析一下对竞品成本有着较大影响的因素：

1. 竞品的设计。产品设计对于成本的影响直接关乎着企业的经济效益。产品设计进行过程中，会依据设计方案而采购使用材料，经过加工生产会计算出事前产品成本。

2. 运用生产要素。在产品的生产过程中成本会受资本、劳动力、土地资源等生产要素的影响。

3. 运用劳动生产率。劳动生产率越高，说明生产产品的数量也就越多。影响劳动生产率的因素也有很多，如生产设备、生产流程等。就有的企业立足于劳动力成本低的国家，那么，相对的，成本也会随之降低。

4. 生产能力。从侧面看，生产能力对于企业来说，是加工能力的重要参考值。从某方向讲，它反映了企业规模的大小。

竞品成本分析相较于制定战略环节来说，是非常有必要且重要的，具有实际的参考价值，竞品成本分析越清晰、越全面，策划人员的发挥水平也就越高，也就是说，你掌握得越多，你做得也就得心应手。竞品成本的分析，也有利于企业自身的革新，因为，企业可以从竞品分析中去发现没有开发的新东西。

【招式提示】

- 在深入了解竞品成本后，企业应建立起相对科学、合理的成本分析和控制系统，从竞品成本的分析中，让企业决策者看清楚产品成本的构架、盈利情况，然后做出正确的决策。正确分析竞品成本对于一家企业来说关乎着盈利，与其长远发展起着重要作用。
- 分析了竞争成本，必须学会控制自身的产品成本费用。并不只是通过降低单价才能降低成本，最有效的方法是帮助供应商提高技术更新。

竞品市场动态分析

【开篇引论】

商场讲究优胜劣汰，无论是产品还是个人，都必须面对竞争带来的挑战。此时，我们应该想的问题是如何在竞争中生存。打个比方，同期进入公司，同一部门的人，有的在短期内升职了，有的却原地踏步，有的被辞退，这就值得我们去思考了。为什么他能这么快地升职？他有什么过人之处吗？他有什么值得自己学习且能让自己受益的地方？为什么有的人不如自己，他有什么需要自己深思的地方，如何避免自己出现同样的错误？

对于产品，也适用于这个道理。同行是冤家，同行业同类型的东西存在着竞争。面对竞品，有什么值得自己学习与借鉴的吗？潜在的风险有哪些？有冲突了如何面对？规避还是迎面而上？规避要如何做？迎面而上又采取如何方法来取胜？

因此，对于竞品市场动态的分析非常有必要，也是一项长期且定时的工作。随时随地了解竞争对手产品与市场动态，得到可靠的数据，便可从中判断出竞争对手的战略意图与最新动态，以便自己以最快的速度调整营销战略。

【工具运用】

一、竞品市场动态的必要性

“凡事预则立，不预则废”， 不管是对于商家、厂家还是个人来说，未雨绸缪是超越竞争对手的必要条件，深度剖析竞品市场动态，找到差距并进一步改进，那么，便能在激烈的市场竞争中占据竞争优势。

如果你想做一款产品，那分析这款产品在这个行业的市场动态是很有必要的。只有深入分析市场上各竞争对手产品的款式、卖点、价格、优缺点等，然后再与本企业产品进行对比，才能从中找出自身的不足之处。掌握市场动态，与企业实际情况相结合，对自身产品进行改良，更新款式，重新进行市场定位。

企业在做出短期决策的时候，主要依据的就是竞品市场动态的分析，为充分适应这个市场，企业就应对市场动态有充分的了解，对市场动态进行调查与分析，进而制定生产与销售战略，提升行业竞争力。

总体来说，企业通过看竞品销量，向顾客了解竞品使用情况等来分析竞品市场动态，分析出竞品存在于市场的优缺点，以此来寻找本产品在市场的增长点，制定更为精确的销售策略，进而对竞品实施行之有效的进攻与防御策略。

二、竞品市场动态

既然了解了竞品市场动态分析的重要性，那么，就要做一个系统、全面的研究计划，下面是对获取竞品市场动态信息的主要手段。

1．看销售量。看竞品的销量报表，能最直观地了解竞品的销售状况，从中可以分析出竞品的主要发展趋势及影响发展趋势的主要因素所在。分析竞品的产品增长率、产品及渠道构成、核心产品及渠道等，便于了解竞品市场销售模式。

2. 听员工报告。决策人可以通过销售经理、一线营销员来了解竞品的市场动态，因为他们才是与竞品正面交锋的人。从他们那里可以获得第一手资料，如顾客针对竞品的评价、竞品的顾客群和价格体系等。但并不能以听到报告下最终结论，因为存在一定的片面性与主观性，所以，需要决策人从中寻找共性，进而逐一研究。

3. 深入市场。顾客对于产品的评价一般较为中肯，可以从顾客那里得到竞品质量、价格及包装的评价。还可以从销售人员那里获悉竞品的销售情况，与经销商探讨竞品的优缺点。另外，可以通过招聘及其他正规形式，从竞品销售人员或者市场人员那里获悉关于竞品的市场动态。然后对获得的信息进行分析研究，总结出竞品的市场动态及其影响因素。

将所获信息进行整合，然后认清竞品的销售策略，从中分析出竞品的优缺点及形成原因。再找出竞品增长点，进而结合整个市场进行分析，找出可实现增长潜力的举措，并判断出这些举措在经济上的可行性，最后制定出本企业的销售策略。

【招式提示】

- 对于竞品市场动态分析旨在超越竞争对手，每个营销人员都应该实时掌握竞品市场动态，了解其目的，进而对自己的营销管理状态加以改善，抓住一切机会超越竞争对手。
- 竞品市场动态的分析在整个竞争中起着至关重要的作用，所以要慎之又慎，在选择竞品时，不能只关注于直接竞品，而忽略间接竞品，往往很多企业都是在直接竞品上劳神劳力，最后却让间接竞品钻了空子，因此应对每一个竞争产品都进行详细的分析。

潜在竞争者防御措施

【开篇引论】

竞争无处不在，无论任何行业，只有存在竞争，才能促进行业的更好发展。竞争对手之间的竞争也决定了企业的竞争力，竞争对手一般分为两种，即直接竞争对手和潜在竞争对手。我们常说，“明枪易挡，暗箭难防”。这里的“明枪”指的就是直接竞争对手，而“暗箭”就是潜在竞争对手。对于企业来说，除了关注直接竞争对手外，还应对潜在竞争对手做出良好的防御措施。因为，他们不出击则已，一出击便是致命的。

何谓潜在竞争者？即对企业暂时构不成威胁，但是具有潜在的威胁的竞争者。行业的障碍程度（规模经济、品牌忠诚、分销渠道等）和行业内部现有企业反应程度决定了潜在竞争者的可能威胁。

在企业的营销管理中，防御潜在竞争对手也是赢得市场的重要因素之一。

【工具运用】

一、识别潜在竞争者

大多数企业过于关注直接竞争者，而忽略了潜在竞争者，使得企业在无形中被潜在力量所击垮。企业要想在无情的市场竞争下存活，就要具备识别潜在竞争者的能力。对于新出现的对手，要随时做好防御措施。

企业要明白一个道理：潜在竞争者不是可有可无且无危害的，往往给企业带来重大冲击的都是潜在竞争者突然转变成直接竞争者时。潜在竞争者在识别过程中要比直接竞争者要困难很多。像无头苍蝇一样去庞大的市场搜寻潜在竞争者，无异于大海捞针，通常会无功而返。

但并非无路可走，一般情况下，潜在竞争者在决定进入一个市场前都会先去获取关于目标市场的大量信息，然后才会决定是否进入。所以，企业可以通过信息传播渠道找出潜在具有特质的企业。一般识别潜在竞争者可以从以下方面入手：

1. 能轻易克服行业壁垒但又不在本行业的企业。一个企业带着互补或者替代产品进入目标市场，此时，企业对于另一方的市场情况，如价格、原材料、需求状况、销售渠道、生产成本等信息了如指掌，那么，企业进入对方市场的壁垒就会较低。一个企业进入互补或者替代市场能够明显地提高现有产品的销售及竞争能力，那么，此时进入市场的可能性就会大大提高。

2. 能产生协同效应的企业。协同效应就是企业在进行整体协调之后，所产生的整体功能增强，而企业的竞争力也来源于此。

3. 行业的战略延伸。企业为占据行业领导地位，都会选择产品延伸，渗透到各个领域，在行业的竞争也是无可避免的。

4. 前向或者后向整合的客户与供应商。国家在某项政策上的优惠会使企业间的前向或者后向整合，如果采取的是按最终产品征税，那么就会出现一种情况，便是使很多企业纵向兼并。通过整合以后所产生的新型企业，其竞争力也是惊人的。

5. 企业出现兼并或者收购行为。有一定实力的企业为追求规模经济效益，促进企业快速发展，或者是为减少竞争对手，便会兼并或者收购一些相关的企业。这样做就可以使用现成的人力、技术、销售渠道和业务网络，在进入新市场时也会顺利很多，风险也会随之降低。通过兼并或者收购其他企业而进新市场的大企业，通常会使企业间的竞争更为激烈。

二、潜在竞争者防御措施

当一个行业有利可图时，就会吸引很多新的竞争企业，行业内自然而然会增加新的生产能力，市场份额与主要资源便会面临重新洗牌。面对这些潜在的竞争者，你是否做好了防御措施？市场瞬息万变，如果没有一定的防御措施，就很容被新进入者取而代之。所以，企业制定一定的防御战略是非常有必要的。总体来讲，为保住市场份额，可以选择以下几种防御措施。

1. 被动防御。守住自己的一方阵地，用现在产品与市场来防御新进入者入侵。

2. 从侧面防御。对于薄弱环节或者次要业务的管理重视起来。

3. 主动出击。在对方未出动之前，先发制人抢先进行攻击。

4. 反击防御。企业在受到潜在竞争者攻击时，采取必要的反击措施。

5. 固守与扩展。企业在积极防守现有市场的同时，进行市场扩展，以此作为将来防御及进攻中心的新市场。

6. 集中力量。将一些薄弱市场放弃，将力量集中在优势的市场中。

【招式提示】

- 市场竞争千变万化，潜在的竞争者更是会让市场充满变数，数据的深度挖掘会使潜在竞争者的识别工作更为完善，监测也更有针对性。
- 强化企业现有核心竞争力，并不断培育新的核心竞争力，在市场竞争中，越是新兴的产品越具有优势。只有这样，企业在面对潜在竞争者的突然进攻时，才不至于因措手不及而做出错误的决策，变得不堪一击。
- 潜在竞争者最大的撒手锏就是，当他还不想与你开始竞争时，无论从哪方面看，他都与你毫无关系，一旦有点关系了，战争也就开始了，而你通常还处在迷茫中。

工具 4

有理声高，酒香叫好：广告推广管理

- 广告投放预测
- 广告媒体的选择
- 广告投放注意事项
- 广告评估方法

广告投放预测

【开篇引论】

广告，顾名思义，就是广而告知。广告就是推广产品的一种工具，曾经，人们的营销理念是：酒香不怕巷子深。只要产品好，不怕没顾客。生活在新时代，广告在人们的生活中出现的频率越来越高，无论是电视、报刊，还是机场、站台、公交车及出租车车身等，都被各种各样的广告宣传所覆盖，广告正以各种形式广泛且深入地渗透到人们生活的方方面面，而且在不知不觉中改变了人们的生活方式及思维观念。

广告投放出去了，可是回报呢？随着媒体成本的提高，投资回报率也随之走低，正所谓，水能载舟，亦能覆舟。企业能从广告投放中尝到甜头，也能在广告投放中栽跟头。也就是说，一家企业可以在广告中一夜成名，也可能因为广告而消失在大众视野。对于一家企业来说，必须做到精打细算，对于广告投放做到事前预测，便能在行业危机来临时幸免于难。

【工具运用】

一、广告投放预算

有些企业在进行广告投放时，总想着如何省钱就如何做，有些则刚好相反，认为广告就是砸钱，砸得越多，效果越好。其实，这两种都不正确，广告支出不是越少越好，更不是多多益善。其实，广告的投放是与企业规模相适应的，在发展过程中，要不断调整其广告策略。对于企业来说，广告投放的预算直接影响着广告效果与企业市场的好坏。所以，在制定广告预算时，应考虑以下几个方面：

1. 通过对市场变化趋势、消费者的需求及市场环境变化等方面的预测，在制定广告任务及目标时可以提出具体要求，以便策略更完善，从而使广告预算总额更为准确。

2. 广告活动与市场营销活动应相结合，同时完善广告计划，实行媒体搭配组合，主次分明，对广告费用进行合理分配。

3. 关注广告活动的进度，如发现问题应对广告计划进行及时地调整。

4. 分析研究，在广告费用的使用上是不是合理，有没有出现不必要的浪费，最终做到既合理地使用了广告费用，又保证了广告效果。

二、广告效果分析模型

广告投放所产生的效果有广义与狭义之分。这里所指的广义广告效果包括广告的经济、心理及社会效益，主要是广告活动目的的实现程度，在广告信息的传播中所引起的直接或是间接变化的总和。狭义广告效果主要就是通过广告所获得的利益，也就是通过广告传播直接促进了产品的销售量。下面是广告效果类别分析模型。

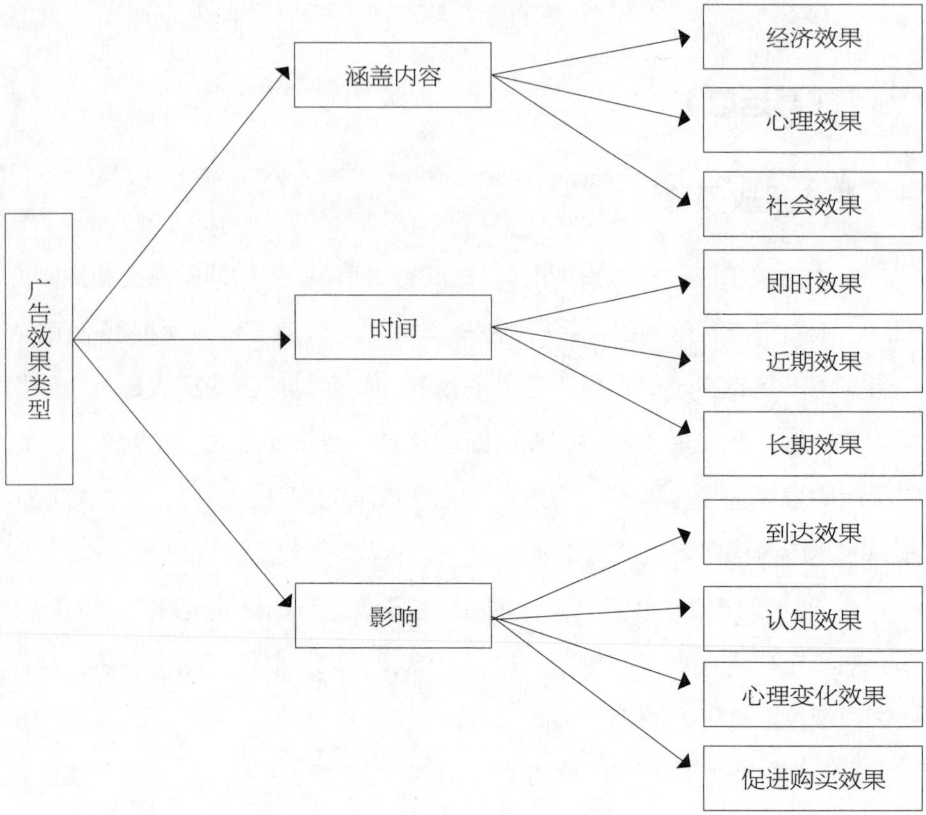

从上图我们可以看到，广告投放所产生的效果可分为多个方面，对于广告投放效果有个初步的了解，便于及时发现与调整广告策略。有利于更准确地制定广告方案的策划，避免无效广告的投放，减少不必要的费用支出。在进行下一步广告活动时，也可以提供建设性的意见。

三、广告投放预测方法

广告投放是一笔高额的支出，所以，在准备进行广告投放前一定要做好预测，运用某种特定的手法，对广告的社会经济效果来进行检验与评估，以此来选择广告媒价，对广告创作及新的广告策略进行改进，从而让广告效果达到预期的想象。通常情况下，广告投放预测的方法分为以下几种：

1. 通过比较。针对同一内容的广告制作，设计出两种或者两种以上的方案，将其放在特定且较小的范围里进行对比，从中选择出效果最佳的广告。

2. 通过问卷。设计好问卷，让受测者根据所看到或者听到的广告进行答卷，以此来选择哪一种广告更受欢迎。

3. 通过补充。给受测者几种事先处理过的或少图或少文字的广告，然后让受测者按照自己的意愿从特定的文字与图形中进行挑选，对缺失的广告进行补充。不过，此方法要将受测者的选择原因弄清楚。

4. 通过邮寄。选择几种广告文案，以明信片的形式寄给特定的消费者，然后对文案的反馈数量进行比较。

5. 模拟效果。对包括广告所达到的范围、注意率、记忆率在内的广告所产生的效果进行预测，以此来判断广告对消费者观念的影响。

【招式提示】

- 在进行广告投入时，企业应对广告投放所产生的结果进行预测，这也是一项较为困难的工作。最主要的就是对目标市场的确定及媒体的选择，再然后就要想对目标市场说些什么？该如何说？从中找到与目标市场的利益点，将其放大，进行强化宣传。
- 广告并非投放得越多，所获得的利润也就越多，相反，如果在一个地方过多地投放广告，很容易让人产生反感。

广告媒体的选择

【开篇引论】

企业通过广告将产品信息传递出去，而企业要做广告就需要找媒介，但媒介的选择也存在着很大的学问，选择什么样的媒介才能发挥更大的效果，是很多企业需要考虑的问题。广告的形式因为媒体的物理性质和状态不同也变得多种多样，企业在做广告时，不可能每种广告形式都运用到。

企业一般都是在对广告媒体的优劣势有所了解后，然后根据自己的需求来选择广告媒体。企业对广告媒体的选择，主要的目的在于，用最低的广告费用，通过广告的宣传来为企业创造最大的经济与广告效益。

【工具运用】

一、广告媒体分类

在经济发达、科技进步的年代，广告媒体也变得越来越复杂。不仅有如报纸、杂志等的印刷品媒体，还有电视、互联网等的电子媒体，亦有手册、年历等的纪念品媒体。下面我们可以来分析几种主要的广告媒体：

1. 报纸。报纸对于很多人来说都不会陌生，可以说，报纸是最早发布广告的媒体。通过报纸做广告，有其优点，也存在着局限性。优点就是传播面较广且速度快，信息量大，方便且价格低。而另一方面讲，报纸有一定的时效性，表现力不足且需要多次刊登才能增加接触时间。

2. 杂志。相较于报纸来说，其分类更为明确。读者较为稳定，一般反复阅读的几率很大。可以利用一些比较有影响力的专业刊物，这些对行业内广告有较强的针对性。但其发行周期一般很长，对于一些专业杂志广告，其接触范围不够广泛。

3. 广播。广播的传播速度快、价格低且制作较为简单，但只闻其声不见其形，难以形成记忆。

4. 电视。对于企业来说，电视是较为理想的广告信息传播工具了，它集声、形、色于一体，具有超强的吸引力。但是，价格较高且制作很复杂，而且还有较强的时效性。

5. 户外媒体。这里主要针对的是户外活动的人群，其中有灯箱、橱窗、路牌等。这种传播工具一般都有固定的场所，价格弹性也较大，但宣传区域较小，变更成本相对高。

二、广告媒体的选择

在选择广告媒体时，一般以企业或者商品的特点及促销目标为出发点，所选择的广告媒体一般具有以下特点：覆盖面广、传播速度快、直接面对目标市场、价格适中且能收获最佳的促销效益。一般来讲，不同的广告媒体其特点也不同，在选择运用时需注意以下几点：

1. 注意目标市场。广告就是为了激发目标市场潜在消费者的购买欲望，所以，广告媒体的选择应符合以下特点：消费者易于并乐于接触和接受，覆盖面与目标市场范围相适应。

2. 注意商品特性。所选择的广告媒体应符合商的性质、性能与用途。即生活类商品适合电视广告，专业性强的商品适合专业性报刊杂志。

3. 注意媒体性质。广告媒体的选择还应关注媒体的性质，如流通性、时间性、覆盖面、表现力。

4. 注意媒体成本。广告媒体不是一概而论的，媒体不同，价格也不同，就算是同一媒体，但因时间、位置的不同，价格也会不同，因此企业应根据自身的财力与广告投放预测来慎重选择媒体。

三、广告媒体选择原则

在选择广告媒体时，主要考虑的是，在预算条件下，让广告达到最好的效果，所以，在面对广告媒体的选择时，应遵循以下原则：

1. 目的性。在选择广告媒体时，不能是盲目的，要符合企业的经营目标，对广告所达到的目标进行充分考虑研究，要选择对企业目标最为有利的广告媒体。

2. 有效性。所选择的广告媒体不能失真，应具有感染力与说服力，在展现产品优势的同时，还能将其他附属信息传递给潜在消费者，为企业树立良好的形象。

3. 可行性。关注你所选择的媒体，目标受众能否容易接触及理解其中的信息，而且，要看目标市场的政治、法律、文化及交通对于所选媒体是否能有效地进行传播。

【招式提示】

- 在考虑广告媒体的费用时，除了实际支付的费用外，还要对印刷媒体的每天读者数、电波媒体的每分钟每千人的视听费用考虑进去。
- 关注自身广告媒体情况的时候，还要对竞争者的广告媒体使用情况进行分析，取长补短，避免错误重复。

广告投放注意事项

【开篇引论】

广告对于提升品牌的作用是毋庸置疑的，但高额的投入，加之市场、法律环境及品牌经营能力的影响，这显然成了高风险的赌博，对于中小型企业来说，较为行不通。

有些企业常常会有这样的烦恼：投入了大量的广告费，知道广告浪费了一半甚至更多，但却找不出浪费在哪里。这让他们很是苦恼。其实，这主要归结于企业在进行广告投放时，没有选对正确的方法，从而造成了巨大的浪费。

有的企业仗着财大、势大，就在广告投放时选择狂轰滥炸，无论是报纸、电视，还是互联网、手机，只要能想到的广告媒体，就会进行广告投放，认为多管齐下，必定能有所收获。其实不然，也许会有收获，但有一个问题他们忽略了，那就是，所产生的效果与投放费用是否成正比呢？

即便是再大的企业，也经不起多番折腾，所以说，如何让企业的每一分钱都花在刀刃上，发挥其效用呢？这的确是需要企业决策者深思的问题。

广告投放需要考虑的问题有很多，不是交了钱，随便找个媒体进行宣传就了事的。这其中也存在着很多误区，所以，需要决策者对于广告投放所涉及到的方方面面进行分析研究，然后制定出最适合本企业且能创造最终经济效益的广告投放计划。

【工具运用】

一、广告投放的意义

广告投放最终目的就是吸引消费者购买产品。广告的设计有着很强的实用性，能将信息通过广告准确传达是广告设计的主要任务。消费者通常是通过企业的形象与品牌来确定企业及产品的地位，而其地位的维护与塑造则要靠企业实力与广告战略。广告在一定程度上引导并满足着消费者，生动形象的广告给消费者以美的享受，会在无形中接受广告的引导。

那么，广告投放后会产生哪些影响呢?

1. 对广告策略、目标及广告的设计和制作进行了检测。
2. 以此可以评估广告公司的工作水平。
3. 广告费用与经济效益的比例。
4. 对整体营销目标及计划实现起到了促进作用。
5. 在将来进行广告策划时可以提供出较为实用的数据。

广告投放之前首先要做的就是明确广告目标，策划高品质且具创造性的广告，才会为广告带来意想不到的收获。当然，广告投放是前提，还要有销售人员的配合才能达到最终的销售目标。

二、广告投放的注意事项

广告投放不是足够强势或是频率高就能取得最好效果的，什么时候进行投放、什么时段与版面投放，这些都是有讲究的，不同时段，即便是同一媒体，所取得的效果也不尽然相同。拿电视这一媒介来说，黄金时段在晚七点左右，而报纸的最佳效果在每周四、周五。

在进行广告投放时，需注意以下几点：

1. 不要只关注支出。广告的目的不是花钱，相反，它是一项投资，既然是投资，那么，就要追求回报，所以，在进行广告投放时，不要总是先看花了多少钱，应该换个角度想，钱花出去了，回报是多少？

2. 与实效促销相互配合。无论选择哪种广告媒体，都要与实效促销相结合起来，这样就会取得事半功倍的效果。

3. 广告需有创意。从某种程度上讲，广告来源于现实，却又脱离现实，给人发挥想象的机会。同样的广告投资，可是具有冲击力的广告创意就能很快激发消费者的兴趣。不能只是停留在对生活真实反映的层次上，而是勇于打破现有准则，让消费者有向往与感动的空间。

4. 敢于尝试新型媒体。互联网时代，网络广告也越来越被人们所接受。在发挥传统优势的同时，结合新媒体，会给未来增加无限发展空间。

5. 实效才是最重要的。策略仅是一种手段，而最终目的就是广告所起到的效果，增加销售的同时提升品牌形象。一则广告不管制作再精良、获奖再多，如果对于企业来说没带来任何实效，那么，这个广告不能称之为成功。没有业绩，一切都是“纸上谈兵”。

6. 对实效随时进行客观评估。策略路线走对了就坚持，错了及时修正，成立专门的广告实效评估机构，随时对广告的实际效果进行客观评估。

【招式提示】

- 广告的投放不能只停留在传递信息的层面上，而是应赋予其灵魂。时代在发展，消费者对于广告的认知也不再是被动的接受与盲目轻信了。所以，要引起消费者内心共鸣依然任重而道远。
- 广告策略与创意需保持其持续性，同一个品牌，在每次广告中，在信息与表达方式上可以加点创新，但品牌定位与基础理念需保持一致。

广告评估方法

【开篇引论】

对于企业来说，通过广告来达到销售目标是必经之路，这也是数额较大的投资。每一次的广告活动，都希望可以收到一定的回报。可是，很多企业却很少对广告评估重视起来，或者说，他们根本不懂得如何对广告活动进行评估。

广告评估有广义与狭义之分，广义的广告评估指的是广告活动目标的实现过程，其中包括社会效果、经济效果、广告传播效果。而狭义的广告评估指的是广告所获得的经济效益，说白了，就是广告所带给企业的销售效果。

【工具运用】

一、广告评估内容

广告评估的主要任务就是，在广告活动经过市场调查、广告策划、设计制作及实施后，评估广告活动是不是达到了预想的效果，广告支出和广告效果是不是步调一致，广告公司检验自身代理是不是有效，有没有需要改进的地方。

总体来说，广告评估就是评估广告活动，换句话说，就是评估广告活动运作过程，并非单纯的评估广告后期效果。

广告评估包括以下几个内容：

1. 广告调查。主要是评估调查方法科学与否，是不是能有效实施，可信度及可靠度如何；在调查的过程中，原始信息的收集是否充分、全面及信息内容是否适用于广告活动；之前的广告预测是否与市场发展相吻合。

2. 广告策划。主要是评估广告计划与目标是否保持一致，广告决策是不是正确，广告策略运用的是否恰当，广告主题及创意是否吸引人，广告预算与实际支出比例如何。

3. 广告实施。主要是评估广告文案是不是准确，广告作品是不是有冲击力与感染力；广告在发布策略上运用的是不是恰当；在选择和组合广告媒体上运用得是否合理；广告活动在预定区域开展得是否顺利。

4. 广告效果。主要评估预定的广告效果是否达到了；实施广告活动时是不是最大效益地使用了资源；因为广告的内容而改变态度与观念的消费者数量有多少。

二、广告效果评估思路分析模型

广告效果可分为三个层面，即认知效果、心理效果、销售效果。对于企业来说，最为关注的就是广告销售效果，但是，如果忽略了认知效果与心理效果，要想实现最终的销售效果是非常难的。下面我们来看一下广告效果的形成过程分析模型。

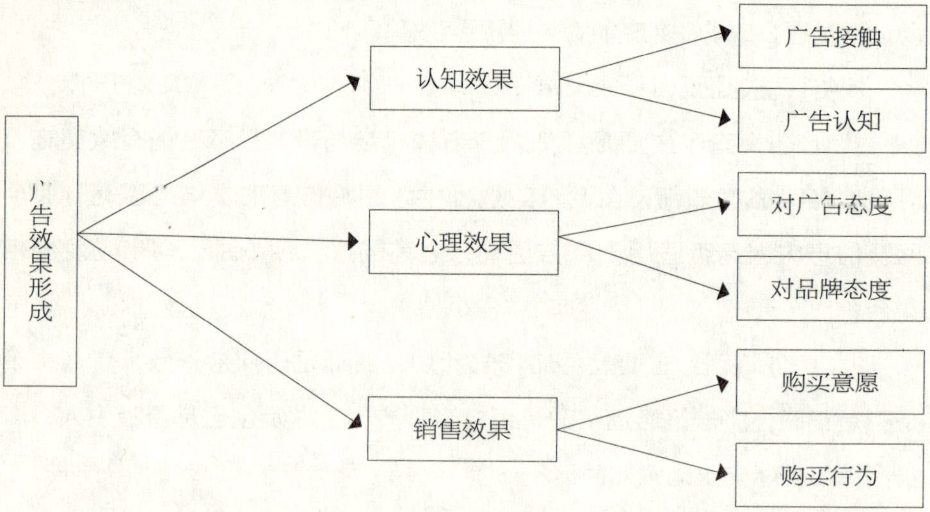

从图中我们可以看出，广告对于销售来说，拉动作用是显而易见的，但也不是一蹴而就的，消费者的认知、理解、购买决定了广告效果。对于企业而言，一个富有创意且对消费者冲击力强的广告，必须对广告进行全面且延续的调查，这对广告策划过程也起到了至关重要的作用。

三、广告评估方法

广告评估工作较为复杂，其调查过程需要由调查研究部门或是借助外界调查研究机关来执行，广告的评估工作都要由广告策划者来进行。广告评估可以让广告更有成效，在企业的经营活动中起着至关重要的作用。所以，掌握广告活动评估方法是非常有必要的。下面从文化角度来对评估方法进行阐述、分析。

在讨论广告文化评估前，首先要弄明白，文化是怎样和广告互动，进而成为时代的广告文化的，只有这样，才能更好地把握与运用文化评估方法。消费观念随着经济与物质生活水平的提高而发生了巨大改变，产品价值也随之发生了变化。消费者在选购产品时更加偏向于与自己文化品位相符的产品，需求满足也从物质追求上升到追求文化审美的层面上。

广告是产品与消费者之间的桥梁，因此，在进行广告活动时，可以适时改变一下构成要素，将产品的文化内涵与价值凸显出来，提高广告的文化品位，迎合消费者的文化需求，从而获得消费者的认可。

从广告自身发展出发，只有通过文化，才能不断提升、发展与强大自身。现如今，大街小巷形形色色的广告充斥着人们的生活，可是，人们的态度大都漠然处之，让人驻足观看的广告少之又少。广告吸引人的前提就是艺术表现，以此来强化大众的视听冲击力。

广告只有在正确展现了产品并与文化价值且与消费者的物质、心理需求相适应，才能吸引大众的视线。生活在新时代，广告俨然成了一种社会文化活动，集精神文明、社会规范、社会习俗于一体，所以，不要再把广告简单地看作是一种商业的促销行为。试想一下，一则对社会整体利益相悖的广告，怎能得到全面认可？大众认可的广告应是有强烈社会责任感的广告。

真正有意义且吸引人的广告是不仅能以最佳的创新意识来赢得市场，且又能以领先的人文精神引领及推进消费文化，同时也能引起对社会整体利益的关注。

广告评估最应关注的问题是，消费者有没有看到广告？对于广告所传递的信息，消费者是否了解？对于广告中的产品，消费者有没有购买的欲望？广告活动已经进行，广告评估的主要职责就是对其作出客观评价，并在未来的广告活动中作出有效地指导，在整个广告活动中，广告评估的作用是不容忽视的。

【招式提示】

- 广告决策依靠广告评估结果。当广告活动告一段落时，广告决策人就应该评估和测定这段时间的广告活动效果如何。检查广告、营销目标及目标市场是否达到预期效果。然后，根据所评估的结果对下一步的发展方向做出调整。进行广告评估，可以从中吸取经验教训，当开始下一段广告时，避免犯同样的错误。

- 有助于提高广告设计与制作水准。一支优秀且富创意的广告总是能吸引人，广告评估可以让广告决策人了解消费者对于广告作品的认可度如何，从中判断所选广告主体是不是够突出，形象是不是有感染力，言语是不是鲜明且生动，是不是与消费者的心理需求相符，对于促进消费者购买欲望是不是有帮助。对这些指标的掌握，对于提高广告设计与制作水准有着很大的帮助，进而使广告宣传内容及形式更加完善。
- 促进整体营销目标实现。对于广告活动的评估，不仅能够对广告活动所产生的利益进行客观的分析，还能从中了解广告宣传之外对产品销售有一定影响的因素，以及了解这些因素对消费者心理的影响，比如说产品质量、价格及款式等是否能在市场竞争中占据一席之地。对此，企业可以及时调节生产经营结构及创新产品，从而实现经营目标。

工具 5

借力使力，放大效益：促销管理

- 促销方案的制定
- 促销人员的选择与管理
- 针对终端客户的促销工具
- 针对经销商的促销工具
- 促销工具组合策略
- 促销后的评估方法

促销方案的制定

【开篇引论】

市场竞争越来越激烈，因此，在营销环节中，针对于消费者的促销活动也越来越重要，据不完全统计，促销活动的费用在企业营销过程中所占比例比广告所投放的费用还要高，可见促销活动的重要性。

所谓促销，即营销者将与本企业及产品相关的各种信息传递给消费者，说服或者吸引消费者购买本企业的产品，最终达到扩大销售量的目的。从实质上来看，促销是一种沟通活动，有广义及狭义之分，广义的促销有以下基本形式，即销售促进、广告、推销、公共关系。狭义的促销主要是指销售的促进，即营业推广。

【工具运用】

一、促销的重要性

对于战争来说，起着决定性作用的就是一份缜密的作战方案。我们常说“商场如战场”，的确，对于商场来说，促销活动的成功的保障就是一份全面系统的活动方案。

促销作为一种沟通活动，在企业与消费者之间建立起了一座有形的桥梁。一方面，企业对消费者的需求了解不完全；另一方面，消费者对于企业的信息也不是很清楚。此时，就需要企业通过促销活动来将本企业的各种信息传递给广大消费者及用户，让消费者及时了解、信赖，最终购买自身产品，达到销售目的。

由于各种原因的影响，让消费者对于产品的要求越来越高，加之消费者的挑选余地也在增加，所以，企业和消费者之间的沟通就显得尤为重要了。面对如此情境，企业更应该加强促销，用促销的方式让消费者对本企业产品加深认识，让消费者愿意花钱来购买本企业产品。下面我们就来分析一下促销活动的作用。

1. 入市更快。促销手段可以在短期内调动人的购买热情，让消费者能在短时间内对产品有个了解。

2. 激励消费者的第一次购买。对于消费者来说，第一次购买存在着一定风险，一旦对新品不满意，就需要花同样的价钱去购买老产品，这样，等同于花两份钱，却只得到了一份满意的产品。可是，促销活动却能让这种风险意识降低，初次消费成本的降低，很容易让消费接受新品。

3. 激励再次购买。消费者在试用完了产品后，可能产生三种效果，即不满意、基本满意、满意，基本满意可能会产生重复使用的意愿，一开始可能并不强烈，但如果有一个持续的促销计划，便可以让这个消费群体基本成为固定的消费者。

4. 有助于提高销售业绩。促销是一种竞争的表现，会在无形中改变消费者的消费习惯，在促销期间，对增加消费、提高销售量无疑是很有帮助的。

5. 相关产品从中受益。完成促销产品是促销的首要目标，可是，却在无形中带动了相关产品的销售。如咖啡壶的促销，会带动咖啡的销售。

二、促销方案的制定

在市场营销过程中，市场促销方案是非常重要的一个环节，它对完成市场战略目标起着重要的促进作用。最初，促销被认为是一种简单的卖赠形式，现如今，促销则是一种集卖赠、消费者认知、公司和产品形象设计等内容为一体的综合性推广活动，那么，在制定促销方案需要遵循哪些步骤呢？

1. 目标市场的确定。只有确定了产品或者服务的对象，才能有针对性地进行促销活动，与之进行营销沟通，然后将最适合他们的营销信息通过沟通传达给他们。

2. 促销目标的确定。企业期待目标市场对促销活动所作出的反应，就是企业所希望实现的促销目标。

3. 促销信息的确定。促销信息最为关键的内容在于与目标市场进行促销沟通时，必须以充分的理由在促销信息中向潜在客户表明：为什么要对你所传达的促销信息作出反应？企业所提供的产品能够给用户带来什么益处？

4. 促销手段的选择。促销信息的传达需依赖有效的促销手段，促销手段主要有广告、销售推广、公共关系、直接营销。

5. 促销预算的确定。企业自身的促销预算是建立在确定竞争对手促销预算的基础上的，借鉴对手的促销预算，然后结合自身实际情况，做出适合本企业的促销预算方案。

6. 目标总体方案的确定。促销方案能否顺利实施，前提就是制定详细的推行计划。促销总体方案一旦确定下来，那么，自始至终都必须协调与整合总体方案中所采用的各种不同的促销手段，这也是实现预想促销目标非常重要的一方面。

7. 促销绩效的评估。促销总体方案的评估与调整，主要目的除了调整效果不佳的促销手段，也是为了让今后的促销总体方案可以为实现促销目标更好地服务。

三、促销方法

促销应讲究一定的方法，方法不对，再好的产品也会出现滞销，下面就来看看有哪些促销方法。

1. 反季节促销。很多产品都有季节性，大部分人的思想是缺什么买什么，都是按时令需求来购买产品。所以，便出现了产品在旺季时销售火爆，淡季时无人问津的局面。可是，有的企业却反其道而行之，如夏季卖冬衣，这种反时令的促销方法，主要推出的是换季甩卖，消费者从中获得了时令差价，所以，其中不乏购买者。

2. 独次促销。这种促销方法主要是所有的产品只出售一次，即便很热销也会停止进货。从表面上看，企业是损失了很多利润，其实不然，这种抢手的局面更加加速了产品的周转，利润空间也在不断加大，这是一种物以稀为贵的心理，让消费者认为所购买的产品都是最新的。通常消费者也会为了这不可多得的机会而毫不犹豫地购买。

3. 通过老顾客促销。回访老顾客，附带推荐新产品，增加消费者对于本企业的好感，使之购买相关的新产品。

4. 轮番降价促销。分期分批选择一些产品作为特价产品，以此来吸引消费者，消费者来店里选购特价商品的同时，可能也会顺便购买其他并非是特价的产品。

5. 每日低价促销。每天推出低价产品，以此来吸引消费者的注意，最终购买。

6. 最高价促销。这一类促销方法适用于高收入人群，同时也是一种身份与地位的象征。

7. 对比吸引促销。甩卖产品优待消费者，流行产品摆在最显眼位置，价格是甩卖产品的两到三倍。这种方式很容易吸引消费者的注意。消费者也会在无形中将两种产品进行对比，无论购买哪种，都会对产品产生促销作用。

8. 拍卖促销。竞争的激烈使促销的手段不再单一，而拍卖促销就是在此时出现的一条新思路，形式的新鲜让消费者觉得很新奇，但不宜每天都搞，一般选在节假日、周末等时间。

【招式提示】

- 促销一定要有针对性，有些企业对于消费群体的选择较为模糊，很难达到立竿见影的效果。只有目标对象越具体，促销手段的运用才越有针对性，那么，就越容易实现营销目标。
- 在整个促销活动中，促销主题是其灵魂所在，所以，主题应富有创意性、广告性，且通俗易懂。
- 为了区分自身产品与竞争对手产品，可以采用各种促销手段，如促销导购、赠品等，让消费者觉得你的产品有别于其他产品，是吸引人的。

促销人员的选择与管理

【开篇引论】

促销人员就是导购员，通常来说，企业都会在零售终端派销售人员，而这些人员在营销的过程中扮演着极其重要的角色，是一股不可低估的力量。从一个层面来说，这些人员就是企业利润、荣誉与地位的创造者；从另一层面来说，促销人员就好比是外交大使一般，他们传递的是企业的精神面貌，在企业与顾客之间建立起了坚实的纽带。

所以，促销人员的选择与管理显得尤为重要。我们常说，三军易得，一将难求。的确，促销人员既是商店的服务人员，同时也是管理者，所以，不是随随便便一个人就可以胜任的。对于企业来说，促销人员的选择是宁缺勿滥，否则，企业形象将大打折扣。

【工具运用】

一、选择促销人员

促销人员的主要任务就是向顾客提供服务与帮助他们作出最佳的选择方案。作为一名合格的促销人员，能向顾客提供很多有用的信息和好的建议，而且能帮助他们选择满意的产品。

促销人员是销售的主力军，对于企业来说，培养一名合格的促销人员不是易事，而人走茶凉的事在企业中也是屡见不鲜，为了避免资源浪费、滥竽充数，选择促销人员的工作就变得不容疏忽了。以下是选择促销人员需注意的几点。

1. 促销人员的心态。有这样一句话：态度决定一切。做好自己的本职工作，是每个人都该有的工作态度，一个好的心态可以让工作变得更加顺畅。因为环境、出身、教育程度的不同，员工的心态也会不同，所以，就要求企业在招聘时，避免所选非人，需进行深入了解，以免对企业的今后发展造成不必要的麻烦。

2. 促销人员的身体。没有好的身体，就很难有好的精神状态，促销人员处于战斗第一线，试想一下，如果以一副病恹恹或是无精打采的状态面对顾客，谁还会有购买的欲望？在招聘时，可看其形，便可知其人，表面的精神状态反应出的就是日常的身体状况。

3. 促销人员的背景。这里所谓的背景与出身、学历的关系不大，主要是指因私人问题而影响工作。如因家庭琐事，迟到早退；因家庭不和睦，工作情绪受影响；夜生活太丰富，工作常不在状态，等等。所以，在选择促销人员时需做一个大致的了解。

4. 促销人员的气质。有气质、有内涵的人总是让人更愿意去接触，我们来想象一下，如果促销人员总是可怜兮兮或是尖酸刻薄，亦或是野蛮不讲理，那么，顾客怎可能给你销售的机会呢？在选择促销人员时，这方面通过观察便能有所了解。

5. 促销人员的意识。促销人员的推销意识、沟通意识、服务意识、学习意识是非常重要的，强烈的销售意识对促销人员发挥主观能动性有着促进作用，能让其在工作过程中克服客观困难，发现并创造更多的销售机会。掌握并合理安排沟通节奏，便能使销售变得事半功倍。良好的服务能创造销售机会，促销人员的热情能感染消费者，心与心的交流，能引起消费者的共鸣。在学习中寻求进步，可以向竞争对手学习，也可以向同事学习，或者自主学习。

6．促销人员的悟性。我们常听到这样的话：“他做这行很有悟性，将来必成大器。”的确，悟性能无师自通，有悟性的促销人员能抓住对工作有利的东西，并加以运用。在促销队伍中，有这样一些人，勤奋、肯学，但就是无法将产品推销出去，面对消费者，总是千篇一律地说：“我们这个是大牌子，质量好，你可以放心使用，保证……”这类人大部分接受能力较弱，不懂得变通。

7．促销人员的交际。人与人打交道，积极热情、主动大方的人总是能感染身边的人或者消费者，创造意想不到的收获。无论在任何场合，交际都必须重视起来。在实际的营销工作中，促销人员的千言万语不敌旁观者的只言片语来得更具说服力。因此，与周边商场管理人员或者其他门店促销人员搞好关系是非常必要的。在促销人员进行产品介绍时，周边会有人不管是有意还是无意地会起哄捣乱，别说是让别人帮你销售了，这种情况，能将产品推销出去已经是非常不错了。所以说，交际也是选择促销人员的参考手段之一。

8．促销人员的勤奋。勤能补拙，只有勤动脑，认真研究推销技巧，不断提高推销水平，才能创造价值。

9．促销人员的责任。每个成功的人必备的条件便是责任心，企业在选择促销人员时，需注意这个人是不是有强烈的责任心，是不是将这份工作当作自己的事业来做。具有强烈责任心的人，一般对于自己该负责的部分或者该服务的项目，都会自己主动去解决，不会让领导催促。

二、促销人员选择途径的分析模型

一般来说，促销人员的流动性较大，就企业长远发展来看，对于促销人员的选择是很重要的。所以，从哪里选、怎么选，都需要进行研究分析，否则对企业今后的发展会在很大的阻碍，下面是促销人员选择途径的分析模型。

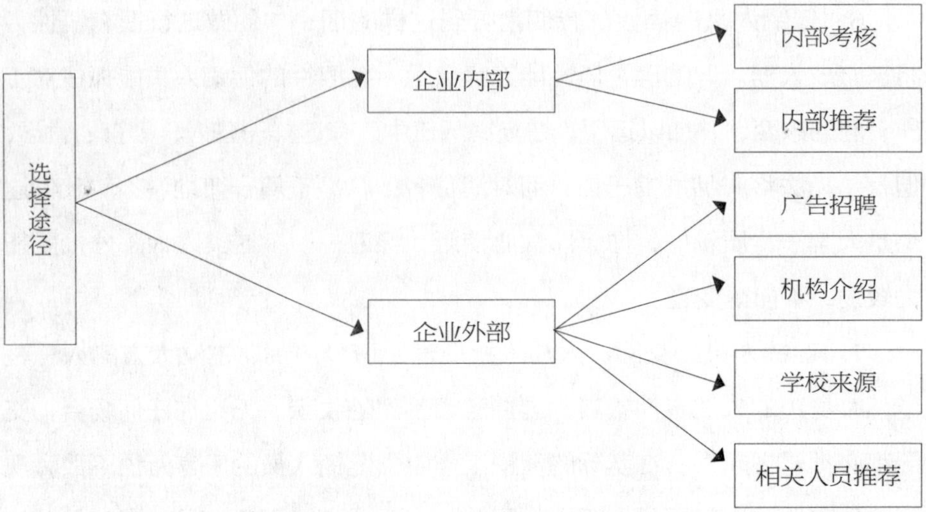

从图中我们可以看到，企业获得促销人员的途径有很多，只有充分利用各种来源，才能招聘到称心如意的促销人员。

三、促销人员的管理

在产品流程中，促销人员处于最后一个环节，也是实现产品价值的关键所在。换句话说，促销人员的好坏会对销售的好坏带来直接影响。所以，如何管理与指导促销人员的工作，是企业一个非常重要的工作内容。

促销人员的管理是个复杂的过程，很多管理者为之颇为苦恼，这并不是现场管理，这种远程管理在无形中对管理增加了一定困难。企业要明白，促销人员的工作态度、热情及业务技能的好坏对企业的发展有着举足轻重的影响。调动员工的积极性与创造性，对于企业来说是百利而无一害的事。下面就来分析一下促销人员的管理问题。

1. 为员工解决后顾之忧。促销人员的收入一定要有保障，签订用工合同，保证促销人员基本权益，明确其工作岗位、工作时间、基本工资及提成比例等问题，让促销人员无后顾之忧地工作。

2. 加强促销人员的培训工作。在促销管理中，促销人员的培训工作是非常重要的一个环节，对于这一点，企业应有个清醒的认识。培训不仅可以让促销人员对企业、产品、品牌等有个全面的了解，还可以提高其促销技能和基本素质。首先进行心态培训。在销售过程中，遇到拒绝与挫折是很正常的事，所以，心态的培训至关重要，不仅可以强化心理素质，还能学会坦然面对困难。其次进行制度培训。无论在哪儿或是身处何职，都应遵循一定的规章制度。俗语有云，无规矩不成方圆。企业的制度就是让员工知道什么该做、什么不该做，摆正自己的位置。再次进行产品知识培训。只有在全面了解所推销产品的特点及与竞品的区别、自身优点、企业文化等，才能在推销过程中变得有底气，更有说服力，进而让消费者产生购买欲望。如果你对产品知识一知半解，结果可想而知。最后进行技能培训，培养促销人员的沟通、推销及异议处理能力，可以让促销人员在面对任何关于推销问题时，能够正确且高效地解决。

3. 让员工有归属感。以人为本，关心员工的生活，让他们感觉到受尊重。解决他们的困难，促进其发展。可以多开展一些文娱活动，在工作中体现别样乐趣。

【招式提示】

- 不要只是注重促销人员的业绩考核，如果没有长期的培训规划，那么，促销管理也是失败的，不能只是用人，而不顾管理。
- 一定要明确双方权责问题，否则一旦出现问题，就会产生一系列纠纷，需要花更多的精力去处理，所以，在促销人员入职之前，签订用工协议是非常有必要的。而且，明确双方的职责，也是提高促销人员责任心与归属感的一种手段。

针对终端客户的促销工具

【开篇引论】

这里的终端客户指的就是消费者，即产品的最终使用者，对于企业来讲，终端竞争是最为激烈且具有决定性的一个环节。“顾客就是上帝”，任何时候，企业都不要忘记这句话，这一句话也体现了终端客户需求的重要性。

面对终端竞争，最关键的问题是。怎样才能吸引客户的眼光与影响客户的购买心理？只有好好揣摩与利用促销工具，才能留住终端客户，为你创造价值。

【工具运用】

促销不是一味地摇旗呐喊来吸引消费者，这是一门艺术，同时也是一门科学，一个富有创意的“主意”能使企业奇迹般地产生惊人的经济效益。下面就来分析一下针对终端客户的促销工具。

1. 折扣促销。这种促销工具一般是通过产品降价来优待终端客户，以此来促进销售。可分为两种形式，一种是直接降价，如“原价？现售？或是打折优惠。”一种是间接折扣，如“买？送？加量不加价。”折扣促销一般适用于需求价格弹性大、库存多且接近保质期、季节性强、消耗大且购买频率高、竞争激烈、生命周期将进入衰退期的产品。其优点在于资金回笼快、减少库存、有效对抗竞争、适用于大多数产品。缺点在于品牌形象会因过多折扣而受损、价格难以再复原、容易引发价格战、销售不畅的根本问题得不到解决等。所以，一定要掌握好折扣促销的分寸，促销时机的正确选择很重要，而且在折扣要适宜，频率控制要得当，严防竞争对手的反击，最重要的是价格促销的诚信问题一定要注意。

2. 赠品促销。一般指终端客户在购买产品时可以得一份附赠产品。包装内的附赠产品要点一般是体积较小但不容易被忽视，终端客户保证得到赠品。包装上的附赠产品要点一般是陈列效果较好，终端客户不一定能得到赠品。包装外的附赠产品要点一般是体积较大，发放时较难控制且容易被零售商应用。其优点在于可以增加产品的附加价值，发展新的消费群体，可以将顾客目标转向较大、较贵的产品。缺点在于很难预测终端客户对赠品的反应，在赠品的控制与管理上难度较大。所以，赠品的选择很重要且不能喧宾夺主，一般选择零售利润高、市场买不到、新颖特别的产品。一般来说，厂家自己生产赠品，具有一定的品牌提示作用。

3. 凭证优惠促销。主要是指终端客户拿着某种凭证（券），便可以在购买时享受优惠，一般有代金券、折价券、发票等。其优点在于吸引终端客户去购买更大、更贵的产品，有利于推荐新的品种与规格，可以快速送至潜在客户与现有客户手中。缺点在于过于频繁或是劣质的优惠券会对品牌形象造成不利影响，兑换过程较难控制，终端客户的反应比较难预测。

4. 返利促销。让终端客户达到指定的购买量，然后返还一些利润给终端客户，一般分为返现、返券、返费促销。其优点在于手法要比降价高，产品价格没改变，不会引起价格战，有利于资金周转及客户信息的收集。缺点在于很难正确估计费用预算，促销效果难以立刻产生，参与率较低。

5. 以旧换新促销。是指是购买新产品的时候，同类旧产品可以折扣一定的价款，有折价券的作用。其优点在于加速终端客户淘汰更换过时产品的速度，可以提高非品牌产品在市场上的竞争优势，避免直接降价所带来的副作用。缺点在于成本高有操作麻烦，容易引起终端客户对新品质量的质疑。

6. 会员制促销。其主题是某项利益或服务，将人们组成一个团体，以俱乐部的形式来开展促销活动。其优点是利于建立长期稳定的市场，有针对性地对会员的需求进行满足，有利于获得准确的会员资料，在采购与销售时可以提供决策依据，会费的收入较为可观。缺点在于费用高且回报效果慢，对非会员消费者无形中进行了排斥。

7. 积分促销。消费一定数量的产品便可积一定的分数或者点数，达到一定数额便可以凭分数或者点数从商家处获取某种好处。其优点在于可以刺激重复购买行为，成本低且可以有效减少购买竞争对手的产品。缺点在于耗时较长，兑换难度会在一定程度上降低参与热情。

8. 免费试用促销。是指将产品或者试用装免费赠予终端客户，让其试用或者品尝。其优点在于利于新品入市，是唯一一种可以改变品牌忠实终端客户转换品牌的方式。缺点在于成本高，样品派送时管理难度较大。

9. 联合促销。主要是指两个或两个以上的品牌或公司一起合作来进行促销活动，活动的影响力会提高，各自的品牌与服务也会提升，同时利益分享、费用分摊。其优点要于成本低，可以借助对方的资源来扩大消费群体，利于弱势品牌销售与知名度的提高。缺点在于合作伙伴较难寻找，容易产生利益冲突，意见难统一，合作伙伴也可能会变成竞争对手，较难突显本企业或产品的特色。

对于企业而言，在促销过程中一般不会只采取一种方法，而是会将多种方法整合在一起，至于哪种方法，则需要企业根据自身情况来规划，选择最适合自身的促销工具。

【招式提示】

- 促销工具不是首选，也不是万能的，企业首先要做好的是服务。有调查显示，客户的丢失，有一半以上都是因为对服务的不满意。
- 在选择促销工具的同时，一定要注重服务质量。

针对经销商的促销工具

【开篇引论】

所谓经销商，即在某一个区域或领域拥有销售或服务的单位、个人，可以说，是市场推广活动的代理人，一般都具有独立的经营机构、产品所有权。其经营活动中一般很少受或者不受供货商的限制。他们所关注的是利差，而不是实际价格。

"等、靠、要"是经销商的传统经营模式，现如今，大多数经销商已经摆脱了这种经营模式，他们为提高销售量，会在自身实力的基础上主动进行促销活动。

【工具运用】

一、选择经销商的方法

对于企业来说，经销商是不可或缺的，企业需要通过经销商来将产品推出去，最主要的是可以依靠经销商的力量抢占新市场。选择一个合适的经销商对于企业来说非常不易，选择不当，在产品的销售过程中就会给企业带来不利影响。那么，应该如何选择经销商呢?

1. 志同道合。在选择经销商时，首先注意的就是声誉，因为这直接影响到产品销售的秩序与产品回款问题。有这样一句话：道不同，不相为谋。

这句话同样适用于企业与经销商之间。如果经销商对于企业的营销理念及思路能够理解并配合，那么，就会出现双赢局面；反之，如果经销商认为企业的产品与之营销模式不相融，不愿销售其产品，那么，即便是经销商的实力再强、信誉再好，这样的合作也注定是不愉快的。最好选择过往销售业绩好的经销商，否则就是拿产品在做试验，存在很大的风险。

2. 网络足够强大。在选择经销商时，强大的网络是重要的考虑因素之一，看其覆盖面够不够广。企业产品所要销售的地区如果与经销商经营范围所包括的地区一致性较强，那么便可将其考虑其中。然后，再看企业产品的潜在客户与经销商销售对象是否具有相关性，如果相关，便可成功打入目标市场，将产品快速销售给客户。再者，经销商的资金实力、促销及管理能力也在考量范围内。

二、针对经销商的促销工具

一般常见的针对经销商的促销工具有：

1. 清货折让。主要是指企业向经销商提供一定数额的金钱，以此来鼓励经销商清理积货或是快速周转订货。

2. 买回折让。主要是指在首次劝告经销商添购新货后，为避免其因为无法如期出售而遭受损失，故为其提供一定的金额。简单来说，就是为经销商提供一定的保证，让其不必担心因为新货滞销而蒙受损失。

3. 添购折让。此折让一般用于新品上市之时，鼓励经销商陈列或者补偿陈列柜架所导致的损失，主要表现形式就是短期性减价。

4. 随购赠送。主要表现形式就是为经销商提供一定数量的货品，鼓励其推销该产品。

5. 特别推销补贴。主要是指给予经销商或销售员、店员部分金钱或者礼品，然后请其对自己的产品进行特别介绍。

6. 使用者奖励。对经销商或者大量使用本企业产品的客户，为鼓励其继续使用便可以以奖金或者奖励的方式来进行。

以上是主要且常见的针对经销商的促销工具，另外，还可以考虑广告赠品、推销竞赛、设备赠送等促销工具。

【招式提示】

- 谨防经销商为了获得促销支持而谎报或者夸大竞争者压力，应加强市场管理，多派业务员进行实地考察与监督。
- 促销品交接时双方应清点好并予以确认，避免出现偷拿或者滥用现象，否则会对双方之间的合作关系造成不利影响。

促销工具组合策略

【开篇引论】

促销工具组合所主张的主要是将基本的促销方式组合成一个策略系统，这是一种组织促销的整体思路，这使企业在整体促销活动中相互配合、步调一致，让营销的整体效果得到最大限度的发挥，进而让促销目标的实现更为顺利。

促销的各个子系统又包含了许多具体的促销手段或者工具，因此，当某一个工具的选择变化，就表示开启了一个新的促销组合，对整体的效果也会造成一定影响，所以说，促销组合这一整体概念体现的是整体营销。

【工具运用】

一、基本促销工具

促销工具组合由四种基本的促销方式所组成，即广告、公共关系、营销推广、人员推销。其中，前三种方式的实现不需要人的直接参与，这是一种非人员促销。人员推销就需要人与人之间的信息进行双向沟通。只有在清楚了解了促销工具的基本特征与特性后，才能有效制定与执行整合营销传播方案，同时也利于企业在对促销工具进行分配预算时不至于出现大的偏差。

对于企业来说，如果对促销工具出现错误认识，那便会给企业带来很多不利影响，甚至会一败涂地。下面就来分析一下基本的促销方式。

1. 广告。主要是指企业以付费的形式，通过不同的媒体，对企业产品进行广泛宣传，从而促进产品销售的一种促销方式。不仅能树立企业及品牌形象，还能对实现目前销售额的增长起到促进作用。其具体工具为：电视广告、报纸、杂志、户外广告等。

2. 营销推广。主要是指企业为了刺激顾客购买，而进行的一系列具有短期诱导性的营业方法所组成的促销方式。其具体工具为：赠品、优惠券、价格折扣等。

3. 公共关系。主要是指企业通过公共关系活动，利用媒体的新闻报道，以非付费的形式间接宣传企业形象与产品。其作用是不容忽视的，也越来越受到企业的关注，倘若将公共关系活动和其他的营销传播组合相协调，那么，营销效果将会成倍增长。其具体工具为：公益活动、演讲、发布会等。

4. 人员推销。企业派推销人员直接与潜在顾客接触，向其进行产品介绍与推广，说服其购买产品，进而促进销售的一种促销方式。几乎所有企业都会使用人员推销，这也是最有效的方法之一。其具体工具为：电话营销、销售介绍、展览会等。

每种促销方式都有其自身的特色，每个方式也包含了很多的手段与工具。作为组织促销指导思想的组合，如果只是单纯地依赖某一种方式，或是借助于某种特定的工具，这种方法是不可取的。企业需要对各种方式手段的性质与优缺点进行充分了解，在此基础上，再结合企业制定的促销目标与环境条件，从而制定出最适合自身的促销工具组合。在促销策划的形成过程中，整体且统一的思想是其主要指导思想，在整体策划过程中起着至关重要的作用。

二、促销工具组合策略

在营销过程中，非常有必要对促销工具有个清晰的认识，有很多企业在营销策划过程中会提出多种营销传播方式的思想，但多数都较为盲目，下面就来分析一下促销工具组合策略。

1. 促销对象的确认。企业对目标市场进行研究与调研，以此来确认销售对象是现实购买者或者潜在购买者，是个人、家庭还是团体。当销售对象明确了，那么目标对象也就得到了确认。

2. 促销目标的确定。企业在开展促销活动时，不同的时期与市场环境，都有着特定的促销目标。就短期促销目标而言，多采取广告与营业推广两种方式相结合。就长期促销来说，起着决定性意义的是公关促销。在这里，需要注意的是，企业促销目标的选择需从企业营销的总体目标出发。

3. 促销信息设计。对于信息内容的设计进行着重研究。正确表达企业促销对目标对象的诉求，以此来刺激其反应。

4. 沟通渠道的选择。这里所指的主要是传递信息的沟通渠道，包括人员沟通渠道，即面对面向目标购买者推荐产品，并得到反应，以通过良好口碑来扩大知名度。还有非人员沟通渠道，即大众媒体沟通。两者相结合便可使效果得到最好的发挥。

5. 促销具体组合的确定。可以将四种促销方式，如广告、营销推广、公共关系、人员推销进行适当的搭配，不过，要据企业具体情况而定，这样才能将整体的促销效果发挥出来。其中，需要考虑的主要因素就是产品属性、价格、周期及目标市场特点等。

6. 促销预算的确定。促销组合方式的确定还应考虑企业的经济实力与宣传期内可能会受到的干扰程度。就企业经济实力来说，如果实力雄厚，可采取多种促销方式同时进行，相反，便只能考虑耗资相对来说较少的促销方式。

【招式提示】

- 促销工具组合策略直接受促销目标的影响，营销人员应充分了解各促销工具，然后根据具体的促销目标来进行促销工具组合，确保适用于企业。而且市场受风俗习惯等的影响，在不同类型的市场上，促销工具的作用也会不同，因此，对市场及促销工具应进行综合考量，使两者相匹配，让促销效果达到最佳。
- 营销人员在进行促销工具组合时，不能只是片面地考虑问题，而应该结合自身的营销风格、整体的发展战略及社会竞争环境等，然后审时度势，这样才能更好地利用促销工具。

促销后的评估方法

【开篇引论】

企业之间的竞争，简单了说，就是一场消费者的争夺战，企业在进行促销活动的过程中会遇到各种各样的问题，所以，就需要企业对促销活动有个评估，不过，因每个企业实际情况各不相同，所以，评估的标准需视情况而定。

对于大多数企业来说，促销后的评估不仅可以总结整个促销活动的经验，还可以为企业进行促销决策提供依据，甚至可以对促销组合策略起到促进作用，对于整个营销目标和计划的实现都具有非凡的意义。

【工具运用】

一、划分促销后评估种类

对于企业来说，促销后评估是促销工作中的一项重要内容，它可以分为三类，分别是事前评估、事中评估、事后评估。因其特点不同，故作用也不同。下面是各种类的具体分析情况。

1. 事前评估。主要是指企业在促销计划实施之前，对所涉及到的内容进行调查预测，目的就在于对该计划的可行性与有效性进行评估。或者是从多个计划中确定出最适合本次活动的最佳促销方案。

2. 事中评估。其采取的主要形式就是消费者调查，进而了解在促销活动期间，消费者对整个促销活动的反应，从中记录与分析消费者参与的数量、购买量等信息。还可以了解到参与活动的消费者结构，如新老消费者的比例、新增消费者的数量等。同时，还可以归纳消费者的意见，如参与动机、态度、要求及评价。

3. 事后评估。主要是指促销活动告一段落或是全部结束后，通过对产品知名度、认知度、产品销量等在促销前后的比较来进行评估。

二、影响促销活动效果的分析模型

对影响促销活动的因素进行分析，便可从中研究分析，进而制定应对措施。如果对这些因素不够了解，便会对整个促销活动造成不利影响，下面是影响促销活动效果的分析模型。

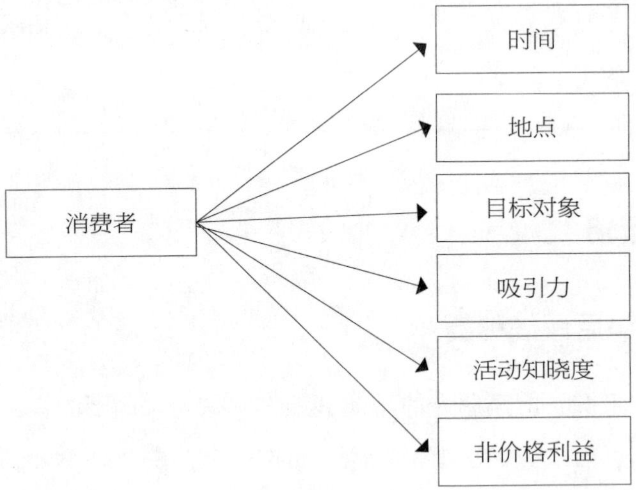

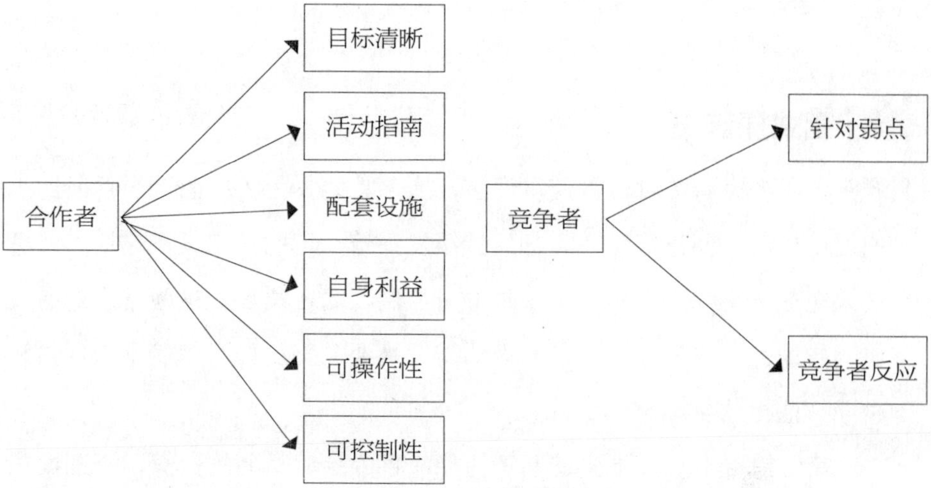

从图中可以看出，对促销后的评估造成影响的因素有很多，图中所示的消费者、合作者与竞争者都是促销活动的主体，而这三种主体对促销活动的反应及采取的行动在一定程度上影响了一个促销活动的效果。

三、促销后的评估方法

评估方法主要有以下几种：

1. 前后比较法。促销活动分为事前、事中、事后三个阶段，比较这三个阶段的销售量，来测评效果，这也是最为常见的促销评估方法。这三个阶段会呈现出不同的情况，意味着促销活动产生了不同的效果。

2. 市场调查法。对于这种方法对于评估促销活动的长期效果较为适用，主要就是相关人员对市场进行调查分析后，确定促销效果的一种方法。主要包括两方面内容，即确定调查项目与市场调查法的实施方式。

3. 观察法。主要是观察消费者对促销活动的反应，以此来对促销效果进行综合评估。着重观察消费者参加抽奖的人员、优惠券的回报率、赠品偿付情况等，这种方法既简单，费用又低，但因主观因素的影响，所得结论不是特别精确。

【招式提示】

- 消费者在选择消费时日益变得理性，加之其他方面的原因，当月所实施的促销活动即便已经结束，却还持续发挥着一定的销售促进作用，且责任人能在一定程度上对促销结果进行控制，如压货等，这就给人们造成销售持续上升的假象。因此，评估周期需要调整，如可以使单次评估和中期评估相结合。
- 在计算促销费用时，不要遗漏了礼品、宣传品等赠品的计算，否则促销费用将会失真，无法真实地反映促销费用。

工具 6

科学定价，行走天下：价格管理

- 价格体系是什么
- 价格与市场的关系
- 常见的 N 种定价方法
- 价格调整管理工具
- 价格竞争管理工具

价格体系是什么

【开篇引论】

所谓价格，就是在购买产品或者服务时所需支付的代价或者款项。我们都知道，买东西需要付钱，而产品的价格也是很多消费者选购产品的重要原因之一。所以，建立合理的价格体系是非常有必要的。

所谓价格体系，就是一个国家、地区内各种产品、服务及生产要素的价格相互关系的有机整体，是各种价格之间联系、互相影响的内在关系的体现，又被称为价格结构。包括有商品、劳务、生产要素等价格在内的价格体系，如果要对价格体系进行改革，那必须考虑商品与劳务价格的合理化，同时，还要保证生产要素价格的合理化，这两者改革是相互制约与影响的。

【工具运用】

一、价格体系

商品价格是价格体系的实质内容，其表现形态就是商品价值，而生产商品的社会必要劳动时间的多寡是由商品的价值量来决定的。因此，价格体系中的比价联系所反映的就是国民经济中各类商品价值的比例关系。

而各种差价关系所反映的就是同类的商品在再生产过程中因为生产发展阶段、地域、季节、质量等的不同，所花费的社会必要劳动时间的差别。

经济发展水平在不断地变化中，而价格体系也会随着其逐渐变动的。对于企业来讲，相对正确且合理的价格体系，其中的比价、差价关系可以大体上反映出各种关系，如生产各类商吕的价值比例关系、因条件不同所引起的同类商品的价值差别关系、在生产各类商品时所花费的社会必要劳动时间比例关系，等等。

二、价格体系的内容

价格体系由三方面内容组成，分别是商品差价体系（同类商品之间的价格关系）、商品比价体系（不同商品之间的价格关系）、价格形式体系（按经济管理原则所形成）。下面是这三方面内容的具体分析。

1. 商品差价体系。一件商品从投入生产到开始流通，进入消费领域，这是一个很长的过程，这中间发生了时间及空间的运动，其价值与效用也随之发生了变化，进而形成了价格差别和各类商品的差价体系。在此，购销与批零差价必须合理，才能保证工业和商业、批发业与零售业、国家与消费者之间的协调。这也是对商品从生产到安全高效抵达消费环节的重要保障，更可以让商品效用与价值得到充分的实现，同时也能控制现行价格体系中的销售价格水平。商品差价体系还需考虑两方面成因，即季节差价和地区差价。

2. 商品比价体系。在交换过程中，不同商品或者劳务按照价值规律的要求发生联系，进而形成各类商品的比价体系，比如说工农业产品比价、农产品内部比价、工业品内部比价工农业产品与运输之间的比价等。其中，工农业产品比价是对国家工业企业与农民利益关系的反映。而农产品则不单单决定着农民的利益，更重要的是对人员工资水平的决定。工资对工业品、运输、建筑、服务行业等的成本都会造成一定影响，进而对工业品、交通运输、建筑产品及服务等的价格带来一定程度的影响。

3. 价格形式体系。中国对于价格管理有着严格的划分，一般有三种形式，即政府指导价、政府定价和市场调节价。各类型的商品达上百万种，也就是有多少种商品，就会出现多少种价格。对于每一种商品来说，因为规格、型号、样式、等级等的不同，价格也会出现偏差。而且，还因为阶段、地域、季节等的不同，价格也会不同。在价格体系中，每种商品都是其重要组成部分，不是单独存在，而是一个有机的整体，即相互联系、影响与制约。而这种有机的联系也会表现出一种现象，即一个地区的商品价格出现变动，那么，另一些地区的商品价格也会随之发生变动。

三、价格体系制定的不同时期

价格体系的制定分为不同的时期，只有按照正确的方向走，科学合理地制定价格体系，发挥自身优势，才能吸引消费者。制定价格体系的时期一般是导入期、成长期、成熟期、衰退期，其具体表现为：

1. 导入期。此时一般是新品上市之时，知名度还没打开，企业为了快速融入市场，一般会花费较大地为新品展开一系列促销宣传活动，此时的产品还有可能不能为企业带来利益。

2. 成长期。产品在此阶段知名度已渐渐打开，销售量也开始增长，随之增长的还有利润。

3. 成熟期。产品在市场已占有较大份额，售量与利润已达到高峰，之后可能会出现了下降趋势，销售的增长变得缓慢，竞争更为激烈，产品成本与价格开始下降，在进入成熟后期，营销费用也开始慢慢增加。

4. 衰退期。此时，替代品已有取代原有产品的趋势，原有产品的销量出现了明显下降，销售呈现负增长，利润也在渐渐减少。

【招式提示】

- 价格体系的建立需要考虑的因素有很多，其需考虑的基础因素就是公司自身及所占有的市场，定价以成本为基础，根据市场需求及竞争来进行适当调整。
- 价格体系包括有出厂价、批发价、零售价、回报返利、运费、促销费用、广告费用等，企业应严格控制好出厂价，不要随意制定折扣策略，控制不好容易引起市场价格的混乱。制定合理的价格体系，可以避免各个分销渠道出现窜货现象。

价格与市场的关系

【开篇引论】

对于商品供求关系的变化，价格就好比是指示器一般，企业的生产经营决策可以通过价格来进行不断地调整，资源的配置方向也能得以调节，对于社会总供给与总需求的平衡也起到了促进作用。市场通过价格可向企业直接传递市场供求的信息，根据市场信号组织，各企业可以组织生产经营。

价格与市场之间有着千丝万缕的关系，当价格发生变动时，就会传递出一定的市场信息，反映的是供求关系的变化状况，进而对企业的生产与经营决策作出指导。一般来讲，市场上产品价格越高，那么人们对于这种产品的需求量相对就越小；相反的，价格越低，对其需求量也就越大。当产品价格过高时，顾客会有三种选择，即少买、不买或者购买其他替代品。就此可以看出，价格的变化对于顾客的需求量、需求方向及需求结构的改变起着重要作用。

【工具运用】

一、价格变动后的市场

行业与行业之间的竞争是在所难免的，而且有愈演愈烈的趋势，在争夺消费者的战争中，采取价格战是大多数企业都会用到的营销方法。那么，降价对于消费者的吸引力真的有那么大吗？还有，降价对于市场份额的影响有多大？

价格的变动牵扯到很多东西，对人们的需求量也会造成一定影响，一般来讲，人们的需求变化会随着价格的变化而变化，且是反方向的变化，即价格上涨时，需求量相对减少；价格下降时，则需求量相对增加。可是，现今的生活中，反常现象却越来越侵占着人们的思想，即一件产品出现降价，人们不会急于去购买，而是捂紧口袋，期待着更大的降价空间，希望可以用更少的钱买到同等的产品。

对价格的变动对于生活必需品的影响不是特别大，如蔬菜、肉类等，即便价格在不断上涨，可需求量还是较为稳定的，不会对市场格局造成太大变动。可对于一些高档耐用的消费品来说，降价则会大大刺激人们的购买力，如汽车，降价会使销量大幅增加。

价格的变动对于替代品与互补产品也会造成一定影响，比如说，一种产品降价时，另一种产品的需求量会相对减少；反之，当一种产品涨价时，另一种的需求量就会增加。还有一种情况则是互补产品，价格上涨，不仅该产品需求减少，互补产品销量也会减少。比如说旅游业，旅游价格的降低，不仅会使出游人数增多，同时旅游用品的销量也会随之增加。

二、市场对于价格的影响

价格波动受市场环境影响较大，一般来说，市场价格低于均衡价格时，供大于求，产品过剩，消费者会压低价格，而且企业也会压缩产品的供给量，此时，产品价格必下降到均衡价格水平。反之，供不应求时，产品出现短缺，此时，消费者就会被迫于提高价格，产品价格也必然得到提升，直到达到均衡价格。

拿蔬菜来说，因天气原因出现短缺时，购买者就会争购买，而供给者就会趁机涨价。而价格在消费承受范围内且有强烈的购买欲望，那么，就会被迫接受较高的价格，所谓“物以稀为贵”大抵如此，所以，价格提升也就成了必然。相反，当蔬菜过剩时，而消费者即便有支付能力，可是因与其预期有差异，所以会持观望态度。此时，供给者就不得不按消费者的预期来进行降价，以减少过剩的存货，正所谓，货多便不值钱，所以，价格便因这下调而变低。

另外，黄金、水晶、藏品等也受市场影响也较大。

【招式提示】

- 研究降价后市场的反应，及其他企业对于此的应对措施。
- 快速作出反应，因为商场时局瞬息万变，如果错过最佳反应时机，那便会让自己处于被动状态。

常见的 N 种定价方法

【开篇引论】

所谓定价方法，就是企业为了实现定价目标，研究成本、需求、竞争等状况，以此作为依据，运用价格决策理论，所采取的对产品价格进行计算的具体方法。

现如今，企业在产品定价上已占据了决策主体的位置，对于企业来说，只有正确使用了定价方法及分析研究定价技巧，才能制定出精确的价格策略，进而才能进入公平竞争行业，降低交易成本，达到提高经济的效果。

产品的定价不是单纯地给产品定个价格就可以了，也不是越便宜越好，否则很容易出现费力不讨好的情况。所以说，产品的定价是有一定学问的，企业通过合理的定价可以获得更高的利润与市场认同。因此，企业应掌握一定的定价方法，才能定出最符合自身的价格。

【工具运用】

一、最常见的定价方法

从某种意义上来讲，价格就是价值的体现，定价策略关乎企业的存亡，无论是企业还是个人对于价格都格外重视，它的变化直接牵动着人们的心，掌握一定的定价方法，从中选择最适合本企业的定价方案，便能让企业在价格战中立于不败之地。

最常见的定价方法主要有：

1. 成本导向定价法。这种方法主要依据产品成本，再加上预期的利润，以此来确定价格，这种方法比较受中外企业的欢迎，其又衍生出了四种定价方法，即总成本加成定价法、目标收益定价法、边际成本定价法、盈亏平衡定价法。

首先是总成本加成定价法。这种方法计算成本较广，即为生产产品所产生的全部耗费，计算单位产品的变动成本，对固定成本进行合理的分摊，最终决定价格的是一定的目标利润。其优点在于对定价工作进行了简化，有利于企业开展经济核算，同时可以减小价格竞争。以成本加成为基础，所制定的价格无论对买方还是卖方都很公平，卖方获得了正常利润，而买方不会有额外受剥削的感觉。

其次是目标收益定价法。此定价法的依据是企业投资总额、预期销量与投资回收期等，又被称为投资收益率定价法，较为适用于需求较稳定的大型制造业、价格弹性小且供不应求的产品、市场占有率高、大型的公用事业等，但前提是科学合理的预测价格、销量、成本、利润等。

再次是边际成本定价法。这种方法主要是指每次增加或是减少单位产品时，所引起的总成本变化量。此方法具有较大的定价灵活性，在进行竞争、开拓新市场、形成最优产品组合时将会发挥极大的作用。

最后是盈亏平衡定价法。这种方法主要是指在销量既定的情况下，企业产品价格为做到盈亏平衡、收支相抵就必须达到一定的水平才行。既定销量就是盈亏平衡点，这种方法就是盈亏平衡定价法。但是此方法只可以让企业的生产耗费得到补偿，是无法有收益的。

2. 竞争导向定价法。市场竞争越来越激烈，企业可以对竞争对手的相关情况，如生产条件、价格水平等进行分析研究，然后再依据自身的竞争优势，以成本与供求状况为参考来确定价格。其包括三种方法，即随行就市定价法、产品差别定价法、密封投标定价法。

首先是随行就市定价法。这种方法是使本企业某产品价格偏离市场平均价格，然后利用这种价格来获得平均报酬。这种方法不易引起价格波动，企业也不用花费时间、精力去了解对于不同价差消费者的反应。

其次是产品差别定价法。这是一种进攻性的定价方法，主要是指企业通过不同的营销，让同种且同质的产品在消费者心中树立不同的产品形象，然后根据自身特色，制定出低于或是高于竞争对手的价格，以此作为企业的产品价格。这种方法需具备一定的实力，而且产品质量一定要过关，才能在市场占据较大份额。

最后是密封投标定价法。国内外的一些建筑工程项目、成套设备等的买卖与承包大都采取招标的方式，即发包人招标，承包人投标，最后来确定承包价格。这种方法除了要根据自身成本来确定价格方案外，还要对竞争对手进行分析研究，对其实力与可能报价进行分析，以此确定备选方案。

3．顾客导向定价法。这种方法主要是根据市场需求状况与消费者对产品的感觉差异来确定价格的。现在的营销观念是以消费者需求为中心，主要体现在产品、价格、分销与促销上。这种方法主要包括理解价值定价法、需求差异定价法、逆向定价法。

首先是理解价值定价法。这种方法的定价依据是以消费者对产品价值的理解度，然后再运用营销策略与手段，让消费者对产品价值认知受到影响，进而形成对企业有利的价值观念，此时，企业再根据产品在消费者心中的价值来定价。

其次是需求差异定价法。这种方法主要是指，对于同一种产品在同一个市场上制定两个或是以上的价格，或是使用不同产品价格之间的差额大于其成本之间的差额。其方法首要强调的便是适应消费者需求的不同特性，然后再考虑成本补偿。优点在于让企业在定价时更符合市场的需求，对于产品的销售有一定促进作用，有利于企业发展。

最后是逆向定价法。这种方法重点考虑的是需求状况，以消费才能接受的最终销售价为依据，通过逆向推算方法，推算中间商的批发价与生产者的出厂价。这种方法较为灵活，可根据市场供求而作出及时调整。

此外，还有尾数定价法。对于数字，人们大都从高位开始读起，对于后面的数字多数不太注意，比如说，大多数的消费者会认为 59 元比 60 元要便宜得多。这种定价方法主要是调整原来的价格尾数，利用消费者对尾数不太敏感这一情况，进行定价，从而达到提升价格，促进销售的目的。

二、对定价造成影响的因素

产品最终是要到消费者手中的，而决定是否购买此产品，消费者主要考虑的因素就是价格。对于消费者来说，如果此产品物有所值，即便价格再高，消费者觉得可以接受，便会购买。同样道理，如果消费者不认可此产品，那么定再低的价格，消费者也不会去购买。

一般来讲，每种产品都有其特定的消费群体，即目标消费者，消费者的心理、习惯及接受程度因为层次不同而有所差异，并非产品定价高就不好、卖不出去，更不是说定价低就是销售王道，其实，找准自身的目标消费群体才是最关键的。

影响产品定价的因素有很多，下面是具体内容：

1. 市场需求和变化。

2. 市场竞争格局。企业在进行定价时必须考虑产品的市场模式，企业的定价因为市场竞争条件的不同自由度也会随之不同。市场竞争格局在现代经济中可分为完全竞争、完全垄断、不完全竞争、寡头竞争。

3. 政府干预。无论是国内还是国外，在现代经济生活中，普遍存在政府对于价格的干预与控制现象，只是程度有所不同。在我国主要体现在各种有关于价格禁止的法规上。

4. 产品特点。在制定价格时不得不考虑产品的属性与特征，即产品种类、标准化程度、季节性及时尚性等。

5. 企业状况。不同的企业，其规模、实力、销售渠道、信息沟通方式等是不同的，各企业的营销人员素质与能力也不一样，这些对定价都有一定的影响。

【招式提示】

- 要做一位高明的定价者，不能只是对定价进行粗浅的了解，就草率定价。首先要持正确的定价观点，收集关于定价的事实档案，对于分析工具及界定范围要进行详细的掌握。
- 定价从另一方面来讲就是定产品，对产品有个正确的定位，如高端、中端、低端，进而才能更准确地对产品进行定价。

价格调整管理工具

【开篇引论】

作为消费者，产品的价格是其选择购买的重要因素之一。无论是企业还是消费者，都对价格十分关注，这无外乎利益驱使。企业的每一次价格调整，除了对企业意义重大，对于消费者来说也是很重要的，决定着其是放弃其他品牌还是只做看客。

从某种意义上来讲，产品的价格决定了其价值。随着产品价值量的变化与国家社会经济政策的要求，一些不合理的价格会在适当时机进行调整。

价格的调整有其重要的意义，主要目的在于，将价格关系梳理清楚，使其尽量与社会价值接近。价格调整涉及到方方面面，此项工作也有较强的政策性，其实施的前提必须是保证市场物价的基本稳定。

【工具运用】

一、价格调整策略

对于产品，定价之后并不意味着可以高枕无忧地看销售成果。要知道，市场的营销环境是在不断变化的，所以，企业也必须对现行价格作出适当调整，以应对市场变化。价格调整可分为主动调整与被动调整，可是，不管是主动还是被动，所表现的形式无外乎是降价或是涨价，其原因可能来自于企业内部，也可能来自于外部。

1. 降价策略。降价对于定价者来说是一项较为严峻的考验，促成降价的原因有很多，主要表现在：（1）回笼资金。（2）开拓新市场。（3）对现有市场的边际生产者的排斥。（4）企业产品供过于求。（5）产品进入成熟期，扩大销售。（6）产品成本降低，费用减少。（7）争取中间商，与其建立良好关系。（8）出于对政治、法律及经济形势的考量。此外，站在消费者的角度，消费者运动也是降价的一大因素。在此，企业大都采取变相降价的方式，如折扣降价、赠送礼品或是优惠券等，这样一来，即便取消也不会让消费者反感，在现代经营活动中，不失为一个好办法。

2. 涨价策略。涨价运用得不好，很容易使企业陷入进退两难的境地，不仅会使降低企业竞争力，还会引起消费者与经销商的不满，甚至可能还会受到政府的干预。但在实际的销售市场中，还是会有企业选择涨价，其原因有：（1）产品成本增加。（2）适应通货膨胀。（3）企业产品供不应求。（4）打造优质效应，这是一种品牌策略，可以营造名牌形象，提高企业知名度。一般来说，涨价的时机会选在产品处于优势地位时、产品进入成长期后、产品进入销售旺季时、竞争对手涨价时。为使涨价带来的不利因素减到最低，企业可采取间接涨价的方式，与产品及促销策略配合，减少消费者不满。

二、价格波动的应对措施

为达到最终的销售目的，在竞争市场中，竞争对手一般会采取价格上涨或下降的方式，对于竞争优势已发生变化的市场，企业应制定明确的应对措施。

当竞争对手降价时，本企业也要随之降价，不然，顾客就会去购买竞争对手的产品。当竞争对手价格提升，其他企业或许会提价，可是，如果觉得提价没好处，便会保持原价，那么，先行提价的企业也会不得已而退回到原价。

如果市场的同质化不强，那么，对于竞争对手的价格调整的反应就会留有一些余地，主要是因为此时除了考虑价格外，消费者还会对产品质量、产品服务等因素进行考虑。一般来说，企业对于这种情况可以有以下几种应对措施：

1. 无反应。企业对于这种情况采取不理睬的态度，让顾客对本企业产品的忠诚度来决定其去留。

2. 调整营销组合。为对抗竞争对手的降价，本企业可以对营销组合进行适当的修正，可以保持原价，或是采取反方向的价格调整策略。

3. 企业可以采取完全或许部分价格调整，以此来应对市场变化。

【招式提示】

- 价格调整一定有原因，分析市场，研究竞争对手调整价格的原因及其背后的目的。如果是外在因素，如原材料上涨等所导致的价格上涨，可选择跟随或是维持原价。如果是内部因素，如营销目标等的原因，那么，可选择静观其变。
- 对价格进行调整时一定要慎重，不要轻易地涨价或降价，要知道，降价容易对企业整体形象造成影响，而且很难再涨上去。但是，这不是绝对的，有些企业通过涨价成功提高了产品与品牌的价值。所以，在进行价格调整时一定要科学合理。
- 企业在进行价格调整时一定要分轻重缓急，一般对于大范围的价格调整一定要考虑到国家财政与消费者的承受能力，控制不好，很容易引起通货膨胀。在进行价格调整之前对有关信息要进行了解分析，研究调价后可能会出现的问题，将方案作到切实可行。

价格竞争管理工具

【开篇引论】

竞争无处不在，在市场运作过程中，价格竞争是无可避免的一种经济规律。所谓价格竞争，就是企业在竞争过程中运用价格手段，通过对价格进行提高、维持或者降低，及对于竞争对手定价或变价的反应，以此来与竞争对手争夺市场份额，这是一种竞争方式。

竞争是残酷的，如何在竞争中持续生存与发展，是企业首要考虑的问题，对于企业间的竞争，最主要的较量在于资源实力，通过对于资源的优化配置，可以衍生出多种竞争方式，其中之一就是价格竞争，且对于资源的消耗最大。

【工具运用】

一、价格竞争

一直以来，产品生产者与经营者都非常重视价格竞争，而价格竞争也不仅仅是价格本身的竞争，还包括价格管理能力的竞争。在谈到价格竞争时，很多时候首先想到的就是降价。一定条件下的价格竞争是非常重要的，可是，如果将价格作为决定交易的唯一因素，那便会使价格竞争变得泛滥。

价格竞争容易招致竞争对手的以牙还牙，最终导致两败俱伤，无法达到提高经济效益的目的。对于以降价为手段的价格竞争，虽然可以在某段时间内吸引消费者，可是，当产品恢复原来价格，那么销售量就会大大降低。如果产品定价过低，产品质量与服务质量就会降低，对于企业形象影响较大。

对于实力雄厚的企业来说，价格竞争或许可以继续生存，但对于资金短缺的企业来说，价格竞争将会使企业面临较大的困境。

所以，企业在现在市场经济的条件下，应从自身出发，正确看待价格竞争，才能不被其所左右。

二、如何应对价格竞争

企业在应对价格竞争，做出决策之前，首先要清楚为什么竞品选择降价？其次是在竞争过程中，自身所处的角色是什么（领导者、挑战者、追随者）？最后是要清楚自身的竞争战略如何？下面就来分析一下竞争对手为何降价。

1. 利益驱使。

2. 为了提升市场占有率。企业自身先要了解是谁降价了、其竞争地位如何，如果是市场领导者，自身产品又没有特殊卖点，此时选择跟随，属于无奈之举，也是不得已而为之。还可以根据资源状况，有计划地退出市场，战略转移也是一个好办法。如果市场排名较靠后的竞品降价，可因具体情况而定。

3. 为了清仓、淘汰产品。此时企业应确定降价的产品与自身现有产品会不会构成威胁，与竞品相抗衡时，切忌用新系列产品。对于后续新品上市的动向应多关注，以便采取应对措施。

4. 扰乱市场。这种自杀产品一般是想将厂家拉进价格战，多是消费者满意，商家得利，而企业却在赔本，最后的赢家取决于替代品的威力。

三、如何走出价格竞争

1. 技术的差异。技术的不断创新是增加竞争力的有力手段，拿 TCL 王牌彩电来说，能从长虹、康佳等品牌的降价风波中占得较大市场份额，最主要的就是技术的创新，然后是营销手段的创新，将传统认为的 4、5 月份销售淡季炒热，打出时间差，最后出奇制胜，使其在不走价格战的前提下也能提高销售量。

2. 产品概念的创新。美的在准备进军微波炉市场时，格兰仕已占据了大片市场，而且每 40 元左右的差价就有相应产品，就算美的想进入价格竞争也是行不通的。此时，美的另辟蹊径，在产品附加值上动脑筋。调查发现，绝大多数消费者对于食物营养流失很忧心，对于这一需求，美的推出了一款产品，可以将食物中的营养成分的保有量增加 25%，这是首次提出营养保存概念，这也让美的避开了价格竞争，且顺利进入了微波炉市场。

3. 其他途径。如产品优势、特色服务、降低总成本，靠价格优势等。

【招式提示】

- 了解了价格竞争之后，对各方面信息进行收集，研究走出价格竞争的方式，其方式多种多样，如果将其组合起来，效果会更佳。
- 在对价格竞争进行分析时，一定要注意此次价格竞争是良性价格竞争还是恶性价格竞争，以便于制定有针对性的措施。
- 恶性价格竞争危害极大，企业一定要清楚其表现形式，如低价倾销，多以低于成本的价格提供产品或者服务，其目的多是想垄断市场。还有低价混战，多是以低于消费者的需求，对产品以次充好，实行低价销售政策，最终使价格陷入无法挽回的怪圈之中。

工具 7

管好客户，招来财富：客户管理

- 新客户的开发
- 客户分析管理
- 客户潜力判断
- 客户信誉管理
- 客户关系管理

新客户的开发

【开篇引论】

对于企业来说，只有不断壮大客户队伍，才能越走越远，因此，新客户的开发就变得更为重要了。如何在留住老客户的同时，开发出新的客户，是企业能够长远发展的重要原因之一。可以说，开发新客户的重要性不亚于稳定老客户。

老客户象征着企业发展的基石，对于企业可持续发展有着深远影响。而新客户的加入，仿佛是给企业注入了新鲜血液般，让其焕然一新。尤其是潜在的客户，会使企业获得更大的利益。

【工具运用】

一、新客户开发分析流程

对于一个想要健康平稳发展的企业来说，最重要的两件事就是将客户的忠诚度最大化，同时不断地挖掘新客户资源，并将其发展成合作客户。如今的市场诱变幻莫测，就连客户自身对未来都没把握，何况是企业。所以说，企业要想维护客户，最好的办法就是不断地开发新客户。下面是开发新客户的工作流程分析模型。

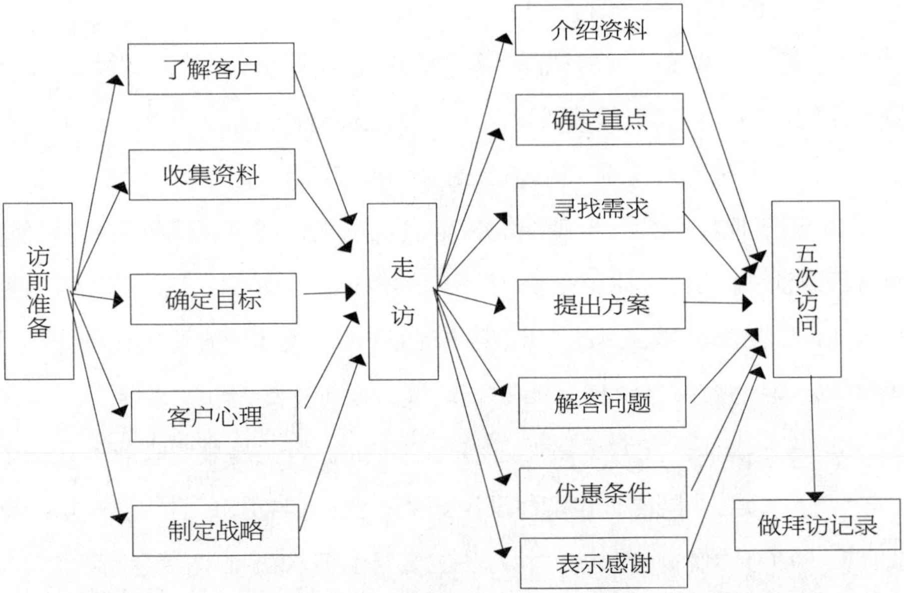

从图中可以看出，新客户的发需要经过多个流程，不是说，想要发展新客户，就有现成的新客户在等着，而是需要通过多番努力才能获得的。所进行的每一个步骤就是为了更接近于新客户，所以，不可疏忽大意。

二、新客户开发渠道

开发新客户是业务人员必备的业务技能之一，企业之间的竞争何尝不是业力人员之间的竞争？如果企业的业务人员能力过于薄弱，即便再好的产品也会是无人问津的。他们在面对新客户的开发上不知道该如何去做，更不了解从哪方面开始入手。他们每天为没有客户而烦恼不已，其实新客户的开发是有规律可寻的。

1. 客户介绍。对于合作客户进行科学运用，是开发新客户较为常用的一种方法。原因在于，合作客户了解公司且有一定的信任度。利用其相应的人脉资源，可以高质且高效地为自己赢得新客户。

2. 同行或同事介绍。对于业务人员来说，如果你的人脉够广，便可利用有利资源，从中获取相应的备选客户资料，然后，通过同行或同事的介绍，便可很快对客户进行开发，且成功率很高。

3. 利用品牌效应。对竞品经销商的经营状况进行了解，然后展示自身产品的优势，对其进行洽谈，从中达成某种合作意项，利用经销商的品牌资源，便可获得大量新客户，迅速打开新的市场。

4. 善于抓住机会。当竞品的劣势展现出来，便可抓住机会与其经销商进行商谈，此时，可以收到意想不到的效果。比如说，竞品因为某种原因而涨价，品牌经销商对此产生不满，或许还产生了放弃经销权的念头。此时，如果把握好机会与经销商进行洽谈，便可拉拢大批新客户。

5. 逐一商谈。此方法虽然显得有些笨拙，但也是最考验业务人员能力与耐力的方法，同时，也能体现出业务人员的谈判技巧。中途一旦选择放弃，一切努力便付诸东流。此方法主要是业务人员收集各经销商资料，对其进行逐一商谈，然后针对公司情况找出与公司最适合的合作客户。

新客户的开发渠道不仅仅只有这些，以上这些只是其中的几种能迅速开发新客户的思路，业务人员应学会在工作中不断积累经验，进行分析研究，从中找寻最适合自身的方法。

三、新客户开发技巧

业务人员除了要稳定老客户外，还要注意新客户的开发，这样才能为企业注入活力与生机。可是，很多业务人员都很苦恼，明明很努力也很真诚地去寻找新客源，可是往往事与愿违，因此，都是拜访一到两次也就草草收场了。其实，开发新客户是需要一定技巧的。下面就来研究一下新客户开发的技巧。

1. 与自身优势相结合。每件产品都有其优势所在，结合自身优势，收集客户资料，从中选择客户群。如何让产品快速吸引新客户？最大的亮点在于产品的特点与优势。新客户愿意接受你，因为你的产品是新品，他们刚好需要。或者，他们对原有供应商感到失望，你的产品正好此时出现。

或者，对于产品的需求量在增加，原有供应商对于客户的需求量无法满足。

2. 保持好心态。有些业务人员一上来就给客户一种急于求成的感觉，好像不买他们的产品，他们就无法生存一样。其实，做生意只有在双方都觉得合适时才能称为真正的生意。优秀的业务人员会给客户留下这样的印象：我们的销售渠道非常稳定，企业奉行的是进取与开拓，和您联系，于您我来说都是一种新的尝试与机会。

3. 不要催客户。对于没有马上下决定的客户不要急于催促，也不能因为一次的拒绝而选择放弃。最好的做法是一段时间后给客户传递一些关于新产品的资料。一定要有耐心，太急或太懒散都会丢掉客户。

4. 最佳时间在淡季。季节性强的产品，在遇到淡季时，业务人员通常会大吐苦水，如“现在是淡季，产品根本卖不出去。”“不降价根本就不可能拉到新客户，说不定连老顾客都留不住。”在抱怨声中，没有人愿意反思。其实，换个思路想问题就可以豁然开朗。当你站在客户的角度，你会期待什么？在淡季，他们或许更需要新的产品、新的客户来冲淡这一切，为其来扩展更大的市场份额。与其抱怨，不如拿着资料去拜访新客户。很多时候，新客户的产生往往是在淡季。

【招式提示】

- 针对于产品展示可以建立专门的网站，对于联系与开发新客户意义重大，而且内容要求专业、详尽且具体，给客户一目了然之感。
- 在拜访客户时一定要注重细节，细节决定成败，这是非常重要的一点，或许你会因为在客户递上名片时没有说声“谢谢”，在与客户交谈中对自身产品介绍不够专业等，而错失新客户。
- 一定要用客观的态度去选择客户，在自己没有足够的条件与实力时，千万不要贸然去联系客户。

客户分析管理

【开篇引论】

我们常说，成也萧何，败也萧何。对于企业与客户的关系来讲，何尝不是存在着这样的关系？客户能成就企业，同样也能毁了企业，即便不毁灭，也会让企业受到重创。

为使企业与客户关系趋于平衡，企业应学会进行客户分析。企业想要了解客户，就必须借助于客户的信息与数据，并从中对客户的特征进行分析，评估其价值所在。只有这样，才能制定出适合客户的营销战略和资源配置计划。

【工具运用】

一、客户信息

客户分析对于企业来说非常重要，企业要想知道不同的客户有什么不同的需求，就必须对客户信息进行合理与系统的分析。对于客户消费特征与商务效益的关系也可以通过分析客户来获得，最终可以让营销策略更合理。当然，客户分析还有一个重要原因，就是挖掘潜在客户，以此便可以扩充商业规模，企业也因此可以快速发展。对于客户数据信息的分析，可以从下几个方面入手：

1. 关于客户个性化需求的分析。在企业发展过程中，理应将“客户为中心”的个性化服务放在首位。在实施客户关系管理中，其中一个重要目标，便是分析出客户的个性化需求，然后对这种需求采取相应的措施，同时，对于不同的客户对企业效益所产生的不同影响进行分析，进而作出利于自身的决策。

2. 关于客户行为的分析。企业会经常收集客户的信息，然后利用这些信息了解到客户的需求，并从中观察与分析客户行为对于企业收益的影响，将企业与客户关系及其企业的利润得到最大化。

3. 关于有价信息的分析。以前，企业总是传统地依靠经验来进行信息推测。现如今，企业会利用客户分析系统，运用科学手段与方法，对客户的各种信息进行收集、分析与利用，从中轻而易举地获得有价值的信息。

二、客户分析的内容

对客户需求进行深度细分并应对客户需求变化，需要有效的客户细分，在进行合理与系统的客户分析后，企业便能了解不同的客户有什么需求。在客户关系管理中所说的客户分析，具体来说，包含着以下几个方面：

1. 商业行为的分析。主要是通过对客户的资金分析、流量等情况，还有历史记录等方面的数据来对客户的综合利用状况进行分析。其中包括：产品分布情况、消费者保持力分析、消费者损失率分析、升级或交叉销售分析。

2. 客户特征的分析。包括客户行为习惯的分析（通过客户购买记录来对其价值进行识别，其是以价值对客户进行分类的）。和客户产品意见的分析（不同客户会对不同产品提出不同的意见，还有以什么态度来面对新产品与服务，以此来确定客户对于新事物的接受程度）。

3. 客户忠诚的分析。与寻求新客户相比，维持老客户显得更加经济，与老客户之间进行有效沟通、长期联系并对连接老客户的纽带进行维持与增强，这也是企业与企业之间显现出来的新的竞争手段。这种具有隐蔽性的巩固客户忠诚度的手段，不会让竞争对手看到任何策略变化。

4. 客户注意力的分析。其中包括客户的意见、咨询、接触及满意度的分析。客户的意见分析主要是对一定时期内客户提出的意见类型、产品、解决问题的时间等意见进行识别与分析，从中得出哪些问题可以解决、哪些不能解决，其原因为何。客户咨询分析主要是指通过客户咨询产品、服务与受理咨询部门及发生和解决咨询时间来进行分析，从中了解到在一定时期内客户的咨询活动，并对这些建议的执行情况进行跟踪。客户接触评价主要是通过产品及时间段来评估，在一定时期内各部门主动接触客户的数量。客户满意义分析主要是指通过产品、区域来对一定时期内感到满意与不满意的客户进行识别，对其特征进行详细描述。

5. 客户营销的分析。企业如果想要对潜在趋势与销售数据模型有个清楚的理解，就应全面观察整个行销过程，进行分析研究。

6. 客户收益率的分析。在客户关系管理中，客户分析占据重要位置，能帮助企业在最大程度上提高客户的满意度。为判断出哪些客户能为企业带来利润，应对分析每一位客户的成本与收益。

【招式提示】

- 客户分析方案的制定一定要更加完善与合理，这样对客户分析的合理性与一致性才能得到进一步的提高。
- 客户分析方案制定更加完善与合理还，可以对潜在客户的培养与发展提供决策依据。

客户潜力判断

【开篇引论】

潜力股最早出现在股票市场，主要是指在未来存在着上涨潜力的股票。现如今，很多地方都能用到“潜力”这个，有潜力，说明你身上具有有待开发且有价值的东西。找到一个“潜力股”就好比为未来买了份保险。

不过，潜力是要靠挖掘的，顾名思义，潜力就是潜藏的能力是。对于企业来说，最重要的就是客户，可是，在很多时候，企业在客户身上所投入的服务往往会得不偿失。原因有很多，无法正确判断客户潜力是原因之一。企业要想提升利润，就要学会区别对待客户，更要懂得如何去挖掘客户的潜力。

【工具运用】

一、细分客户

对于企业来说，没有客户就意味着没有发展，客户是企业生存之根本，客户对于企业是如此重要，只有深度挖掘客户的需求，提供相应的服务，才能为企业创造源源不断的利润。

要想为客户提供相对应的服务，首先就要对客户进行细分。不是说所有的客户都能称之为上帝的，企业的最终目的是收益，为使利益最大化，就要学会对客户进行分级管理。

对于 VIP，相信很多人都不会陌生，VIP 客户总是能享受到普通客户所享受不到的服务。其实，从另一个角度看，VIP 的设置也是对客户区别对待的一种方式。客户分级管理就是从客户所带来的价值来对其进行分级，在此基础上，为不同级别客户设计不同的服务。企业也只有在合理分配资源的情况下，才能为其争取到最大经济效益。

下面是对客户的基础划分：

1. 主要客户。对于这类客户，企业应集中其优势资源对客户提供服务，可以通过沟通与情感交流加深双方关系。同时，可以建立一个专门为这类客户服务的机构。

2. 一般客户。这类客户一般具有发展的潜力，企业应努力使其成为主要客户。

3. 小客户。这类客户的管理可分为有潜力和没潜力，有潜力的客户需发挥企业优势，发展其成为一般客户，甚至是主要客户。而对没潜力的客户可以提高服务价格或者降低服务成本。

客户进行细分，以便企业针对级别不同的客户提供分级管理与差异化措施，对于不同的客户类型，企业可采取不同的推广方式。这样的方式可以让主要客户很自豪，因享受到特殊待遇，让他们觉得地位尊贵。而且，这样做可以对有潜力的一般客户起到刺激作用，使其向主要客户看齐。这样一来，企业就在其他成本不变的情况下，为其创造更大的利润。

二、如何甄别客户

现如今已进入了客户经济时代，客户的选择趋于自由化，而且越来越复杂化、个性化、多样化。不可否认，客户的选择在一定程度上决定着企业的未来，所以，企业要清楚哪些客户是重要的，而哪些客户最有潜力。

如果对于这些都不了解，那么客户关系管理就无法进一步实施。下面是不同客户所表现出来的特征，以此为参考，便可以判断出哪些是优质客户、哪些是劣质客户。

1．优质客户的表现。优质客户一般有强烈的购买欲望且购买力大，他们对于价格的敏感度不高，在很大程度上保证了企业的赢利。他们会提出有价值的信息，有利于企业产品的技术创新与业务水平的提高，会与企业保持长期合作关系，忠诚度高。

2．劣质客户的表现。劣质客户一般购买的产品很少，但其要求却很多，企业为此会花费高额的服务费用，其为企业带来的利润远远低于企业付出的消耗成本。这类客户的信誉一般较低，使企业出现坏账、死账、诉讼等情况，为企业带来不可估量的损失。而且，这类客户总是与企业的整体发展战略相悖。

【招式提示】

- 客户潜力的判断是个较为复杂的话题，不是一项或者两项简单的措施便能赢得客户的。这是一项综合且具实效性的工程，企业需借助营销理念、支撑平台、经营分析等多个方面来对其进行综合性的考量。
- 判断潜力客户需积极深入市场，以此获得更大的利润与市场主动权。在此期间，企业也要思考自身吸引客户的是什么。

客户信誉管理

【开篇引论】

我们常说："人无信而不立。"在人与人交往过程中，最重要的就是要讲诚信，人的信誉是有额度限制的，如果你挥霍无度，终有一天会失去所有人的信任。

对于企业来说，客户的信誉管理非常重要，企业可以通过对客户信誉状况的调查分析，从中判断出出现坏账的可能性有多大，这样便为防范坏账的出现提供了参考依据。企业为了长远发展，也越来越重视客户的信誉调查，继而制作客户信誉调查报告。

【工具运用】

一、客户信誉调查途径

客户信誉管理在企业赊销业务管理中起着关键性的作用，同时，也是企业内部管理决策的矛盾点所在。可以说，如果信誉评审不够严格，那么，企业将会承担过高的账款拖欠，必将面临很大的挑战。如查信誉评审过于严格，那么，销售效率就会明显减少。客户信誉的调查可以从多方面入手，下面是客户信誉调查的主要途径：

1. 金融机构或银行。其可信度较高，而且花费少，可是却无法掌握全部信息及具体的细节内容，这便导致调查的时间过长。

2. 客户或是行业组织。可以进行更深入的调查，可是因受区域影响，而无法把握整体信息。

3. 内部调查。

4. 实地调查。营销人员在与客户进行洽谈时对客户进行调查并收集相关信息，整理后提供给财务部。

对于客户信誉的调查分析有利于企业选择合适的交易对象，这也是使客户管理顺利进行的重要依据，同时也是信誉管理的核心内容。当企业选择了有着良好信誉的客户，便会在营销过程中将风险降到最低。同时，可以将企业的客户资源保持在一个较高的水平，对企业的整体利益非常有利。

二、划分信誉等级进行客户管理

企业的最终目的不是对于客户的信誉评价，这仅仅是一个参考。划分信誉等级并对客户进行管理才是最终的目的。对于不同信誉等级的客户制定的销售管理政策也是不同，下面是客户信誉不同等级的划分及管理。

1. 一级客户。这类客户信誉最佳，一般不会有拖欠款项的事情发生。对于这类客户，如果其有一时资金周转不周时，或者遇到旺季进货量大，资金暂时不足时，可以允许赊账。但是，赊账的额度不应超过一次的进货量，而且要设回款期限。

2. 二级客户。这类客户多要求其当场结账，不过在处理过程中不应过于机械化，讲究说话艺术，否则会让客户觉得难堪，在发货前要确定其已准备了货款且准备付款。

3. 三级客户。这类客户要求是先付款再发货，对于欠下债务的客户来说，应态度坚决地要求其先款后货，没有商量的余地。同时，也要考虑好，如果客户一旦破产，自身的补救措施。

4. 四级客户。态度强硬，先款后货，而且，在收到货款后，应慢慢将这类客户淘汰。

【招式提示】

- 在进行信誉分析时一定要与理论基础相结合，科学合理地进行分析，且符合企业自身的实际情况、以便于企业分辩出哪类客户是优质客户、哪类客户是劣质客户。
- 企业一定要规范客户的信用管理工作，对于客户的信誉与资金状况需进行充分的了解与掌握，这样在销售活动中便可规避因为客户信用问题而给自身所带来的损失。
- 要清楚，客户的信誉不是一成不变的，其信誉可能会上升，同时，也有下降的可能。所以，在对客户信誉评价时应学会动态评价，利用调查结果对销售政策进行合理的调整。

客户关系管理

【开篇引论】

客户关系管理最早源于美国，主要是运用相应的信息科学技术和互联网技术，实现市场营销、销售及服务等活动的自动化，使企业能为客户提供满意、周到的服务，以此来提高客户满意度与忠诚度为目的的管理经营方式。

客户关系管理是以吸引新客户、维持老客户、将现有客户转为忠实客户为最终目标，关键在于保持并发展客户，这是一种管理理念，也是一种软件技术，主要围绕着客户为中心而展开，其核心就是可以让客户更加方便，对客户更为亲切。

对于企业来说，如果留不住老客户，不懂得如何发展新客户，不了解客户的需求，那么，是无法长远发展的。

【工具运用】

一、客户关系管理步骤

客户关系管理的实施需要以下几个步骤：

1. 业务计划的确定。企业在制定客户关系管理方案之前，要先确定，通过这个系统所要达到的的具体目标，比如说提高客户的满意度，将产品销售周期缩短等。

2. 组建团队。为了使客户关系管理方案可以成功实现，需统筹考虑企业的业务，然后建立一支有效的队伍，而且，要进行计划的早期培训与概念推广，确保团队的工作能力。

3. 对销售及服务过程进行评估。客户关系管理方案的可行性需要一个系统的评估，在这之前，需花些时间，对自身业务流程进行详细的规划与分析。

4. 明确实际需求。对于企业的业务运作应有充分的了解，站在销售及服务人员的角度，确定其所需功能，然后找出对其有益或者所希望使用的功能。

5. 供应商的选择。企业所选择的供应商首先应充分理解企业将要解决的问题。

6. 开发和部署。企业对于当前最为需要的功能应事先部署好，然后再进行阶段划分，向其不断的添加新功能。

二、客户关系管理系统分析模型

客户关系管理系统就是为了使每个客户的特殊需求达到满足，而且与每个客户建立联系。企业可以通过对客户的联系而了解到客户的不同需求。基于此，再进行“一对一”的个性化服务。分析客户关系管理系统，是较为复杂的，涉及到企业与客户的方方面面，下面是客户关系管理系统的分析模型。

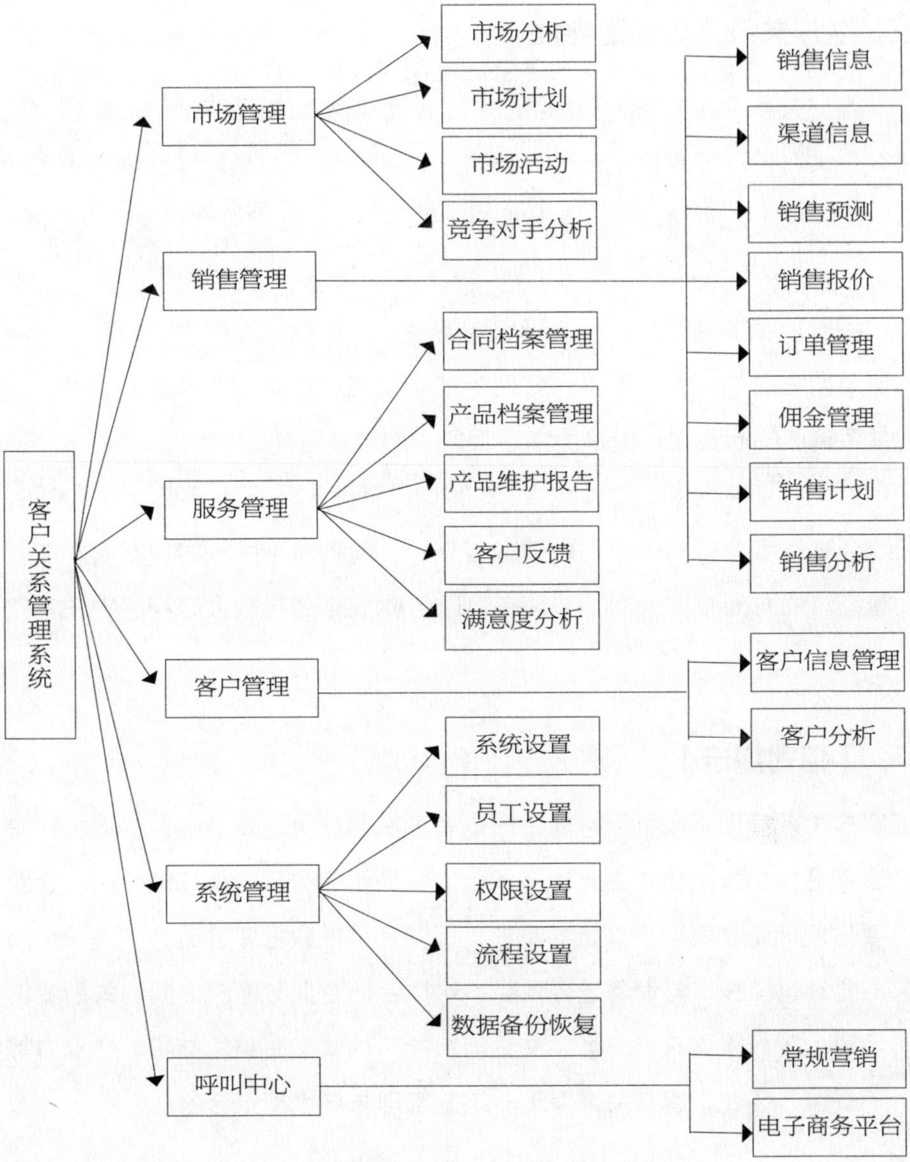

从图中可以看出，客户关系管理系统的分析需从多个方面着手，才能全面高效地进行运用，从而将其能量发挥到最大。

三、客户关系管理的重要性

客户关系存在于各种商务活动中，有着其不可撼动的地位。客户价值是客户关系管理所着重关注的，换言之，就是你的产品可以给客户带来什么，能解决什么问题，并非出售何种产品。下面是客户关系管理的重要性：

1. 塑造忠诚客户。塑造忠诚的关系是客户关系管理的灵魂所在，业务之所以能够顺利展开，得益于忠诚的客户。在营销过程中，经常会出现客户走向竞品的行为，所以，如何牢牢抓住客户才是首要考虑的问题。客户关系管理的职责之一就是协调好服务、销售、营销。

2. 通过客户分析，量体裁衣。对客户满意度进行分析可使用两种方法，即综合满意度分析与单个客户满意度分析。前者对于确定客户觉得你需要改善经营的方面有很大帮助，后者可以帮你找到提高较大赢利潜力的客户满意度方法。

【招式提示】

- 客户关系管理不是盲目地向客户或者潜在客户通过发送邮件的方式将企业信息发出去。要知道，很多候，人们是不会去理会那些邮件的。企业要做的就是了解客户真正的需求，不要只是做数据库营销。
- 不要对科学技术与设备过分依赖，这样会使企业与客户之间的关系变得冷漠，就好像这只是一场“交钱、给货”的毫无生机的交易，让双方都不舒服，因此，客户关系管理一定是管理与技术相结合的。

工具 8

营是手段，销是目的：销售管理

- 销售目标管理
- 销售团队建设
- 销售人员管理
- 销售计划管理

销售目标管理

【开篇引论】

销售目标管理是指，对于企业来说，设定一定的目标，以成果作为标准，使其可以赢得更佳效益的一种现代管理方法。一般来说，商业性实体与产品及服务销售的达成是离不开的，为完成这一目标，就需要制定一定的任务指标，即销售目标。

做任何事情都要有计划，然后按照计划去实施，在营销过程中，销售目标就是在计划内所要达到的目标，而核心部分就是营销计划，对于营销策略与行动方案的制定有着一定的指导作用。包括两方面的内容，即财务目标与销售目标，其中财务目标的组成部分是利润额、销售额、市场占有率、投资收益率，而销售目标的组成部分是销售额、市场占有率、分销网覆盖面、客户行业渗透情况、价格水平。

【工具运用】

一、定义销售目标管理

销售目标管理对于企业发展来说意义非凡，它是通过对销售目标进行合理设定与合理分解，然后采取合适的手段进行实施与监控，并对最终的结果与评估跟踪关注，是一种行之有效的管理过程。从某种意义上来说，目标代表了一种愿望，当目标变得有效时，它便能给人以动力，能让人增加成功的机会。当目标制定了，时间也就变得更有价值了，目标的设定对企业来说就是成功的第一步。

对于企业来说，一定要有明确的战略方向，否则在业务方向不明的情况下，企业很容易陷入困境，而且员工也会因此而没有方向感，没有激情。在很多时候，人们认为有了工作就有了目标，事实却刚好相反。对于企业而言，其使命与任务应转化为目标，因为，企业如果没有了目标，就必然走不远。作为企业决策者，应学会通过目标来进行管理。组织目标确定后再进行有效的分解，将分解后的目标转变成各个部门的分目标，然后针对分目标的完成情况对其进行有效的考核、评价与奖罚。

目标管理有其存在的根本意义，它可以通过对于市场竞争状况的分析与研究，发掘可能存在的机会点，然后通过目标分解将机会或是潜在的机会转化为现实销量与效益。销售目标管理的内容包括销售目标的制定、分解、实施、跟踪与评估。

二、销售目标管理的特点

目标管理是一种程序，也是一个过程，与传统管理方式相比其更具鲜明性，其具体特点如下：

1. 重视人的因素。目标管理是一种管理制度，具有参与性、民主性与自我控制性，同时，也是将个人需求和组织目标结合起来的管理制度。

2. 建立目标锁链和体系。目标管理是将组织的整体目标一级级进行分解，转换为各部门的分目标，这些分目标的方向是一致的，而且环环相扣，最终形成了统一的目标体系。

3. 重视成果。目标管理的起点是制定目标，其终点就是对于完成情况的考核。其成果就是为人事考核与奖评提供有利依据，同时也是评价管理工作绩效的唯一标志。

三、分解销售目标管理步骤

1. 销售目标的确定。这其中包括年度与月度的销售目标。具体可分为销售额目标、销售费用率目标、销售利润目标及其他目标。

2. 销售目标的分解。首先是在规定时间内进行分解，其次是逐级进行分解。在分解过程中要分解的目标要不低于下达目标，且具有挑战性、可执行性，更要便于控制管理。

3. 目标责任书的签订销售。目标责任书的签订销售需在一定时间内完成，且目标要进行具体的确认，最后是签署。

4. 销售目标的审核与审批。需按照标准来上报报表，注意审批时限。

5. 销售目标的评估检讨。包括进度的上报、总结报告、达成率统计、财务检核及目标评估。

6. 销售目标的考核。考核内容：达成率、费用率、完成率超标。

【招式提示】

- 销售目标管理要想取得理想的效果，最主要的原因在于目标的确定。企业在确定目标时一定要科学合理，不能与实际工作目标相脱离，这样才能保证工作进程与成效避免受到不利影响，这也是销售目标管理的前提及基础。
- 销售目标管理，着重于“管理”，作为企业的最高管理者，应懂得懈怠与放任所带来的不利影响。只有随时随地跟踪每一个目标进展，才能及时发现问题，以便于及时处理，及时且正确地采取补救措施。
- 每一个项目的完成都离不开严格的考核评估，在对其进行考核、评估与验收工作时，企业应派执行力极强的人进行，因为稍一松懈，就会给企业带来不可估量的后果。

销售团队建设

【开篇引论】

我们都知道，一个人的力量是有限的，而团队却可以发挥惊人的力量，人无完人，可是团队却可以做到完美。在团队里，每个人都是优缺点相伴相生的，作为企业领导者，只有学会用人之长、容人之短，学会尊重角色差异，才能将每个人的个性特征发挥出来。

企业在实践企业文化管理的过程中，团队文化已成为其强而有力的核心价值观，团队建设也成为了企业文化深植过程中一个不可缺少且重要的课题。对于企业来讲，加强团队建设非常必要。

所谓销售团队，就是指销售人员与销售领导者们所组成的共同体，并对每一个员工的知识技能加以合理利用，解决销售工作中出现的问题，以达到共同目标。就企业而言，销售团队的素质也决定了其竞争的强弱，一个销售团队的建设并非易事，不是随便几个人凑数就行了，而是一个较为复杂且需要引起长期重视的工作。组建一支优秀的销售团队具有重要意义，什么样的团队才可以称得上优秀的销售团队呢？

【工具运用】

一、销售团队人员组建

可以说，销售维持着企业的生命，企业在占领市场中，销售团队就好比是先头部队，为企业开辟一条康庄大道。那么，组建一支强有力的销售团队需要哪些人呢?

1. 经理或者主管。在营销战略计划中，经理或者主管就是最基础的组织者与执行者，他必须符合最基本的品质条件，产品及市场知识也必须熟练掌握。

2. 最基层的营销人员。最基层营销人员营销战略战术计划与方案是实施过程中的终端基础，所以说，必须整体素质与素养都很高。这些人员大都处于动态之中，可以发展成为经理与战术型的人才，所以说，他们的基础素质要求，比如说学识、学历、性格倾向、自我发展和成就动机等都很高。

很多企业在组建销售团队时喜欢选择这样两类人：一类是销售工作特别突出的人，即便是竞争对手，也会想办法挖过来。一类是没做过业务的人，这类人一般都会遵从上级指定的方案，较为勤奋。

二、销售团队建设步骤

销售团队的建设需要经过一个漫长的过程，尤其是优秀的销售团队，销售团队的建设需要经过以下几个步骤：

1. 人员招聘。团队建设的前提是招兵买马，建设优秀销售团队的第一步便是展开招聘，从中挖掘潜能人才。招聘方式多种多样，如人才市场、网络、朋友介绍、打广告等。然后对人员进行一个初步筛选，确保其可以胜任此次工作。

2. 人员培训。几乎所有企业在招聘过后都会对人员进行集中培训，内容包括企业的文化、产品的知识、销售技能等。这也只是团队培训的第一步。市场是最佳的磨练场，在进入市场后可以给其施加一下压力，从中考察其承受力、执行力及市场实际操控的能力。

3. 人员淘汰。在市场竞争下，优胜劣汰是不变的法则，这也是提升团队素质最为有效的方法之一。经理设立考核评分标准，处于最后的人员将会被淘汰。

4. 跟进与控制日常销售。这一步将会推动团队建设的全面完善，对于日常销售的跟进与控制需加强。

销售团队的力量是不可估量的，尤其是优秀的销售团队，可以带领企业走向辉煌。而销售团队的建设需要有能力且具有团队建设意识的领导者。这是一场长期的战争，一时的激情是无法成就大事业的，所以，销售人员需保持着长久且激情的心。

【招式提示】

- 学习是无止境的，在销售团队中的每个人都应该了解团队文化，同时，学习企业销售政策、产品知识及彼此的优点。要知道，只有学习型的团队，才能不断吸收知识，进而取得很好的成绩。
- 拥有一支优秀的销售团队，企业便走在了成功的路上。企业应建立营销人员培训与认证体系，从而打造一支更为专业、高效且稳定的优秀营销团队。

销售人员管理

【开篇引论】

销售，就是俗称的“卖东西”，最简单的理解就是将产品或者服务变成货币。而销售人员，通俗来说就是卖东西的人。对于企业来说，销售人员就是中流砥柱，销售意味着其走向市场，企业能否长远发展下去，最重要的就是看这些人的工作如何，他们决定着企业销售额的高低，所以说，对于销售人员的管理具有重要的作用。

【工具运用】

一、销售人员管理现状

现如今，对于销售人员的管理存在着一定问题，企业都认识到了销售人员的管理非常重要，可是，对于销售人员管理的思路却徘徊在控制论和人性论的矛盾之间。在销售过程中会出现这样一种情况：当销售出现问题时就结果导向，而销售趋于平稳时就抓过程监控。其实，这并不是真正意义上的管理，只不过是管理者的情绪宣泄。此时，管理者应想的是自己的角色定位，是监工还真正的领导者，要知道销售业绩不是“管理”出来的。

在销售管理系统中，对于销售管理者职务的界定才是首要的，企业应对于销售管理者的真正作用进行正确的测算。换句话说，就是在公司资源和管理功能之间对销售管理者的真实作用进行考量。如此，就可以从中了解到销售业绩哪些是公司资源产生的，哪些是由销售管理所产生的。

在销售人员管理过程中，人们对于销售的管理过于突出，而在一定程度上忽略了对“人”的管理，这个人主要是自然人、社会人、职业和为一体的具体个人。只有这个“人”的思想和行为才会产生销售，包括过程和结果。

销售并不是自动发生的一个简单的过程，首先要做的就是对销售人员“人性”的精细化管理。销售管理者有其存在的管理作用，只有销售管理者认识到自身的管理作用，并合理运用，才可以在销售人员的管理中挖掘出每个人的优点，让销售队伍变得更高效、更具战斗力。

二、销售人员的过程管理

贯彻执行力对于企业来说非常重要，对于销售人员的过程管理就是如何贯彻执行力的问题，如何使企业的战略从上到下地得到执行，只靠销售人员的自觉性，显然是不现实的。当然，可能会有些销售人员会自觉性地工作，但也仅限于那一小部分，绝大多数的销售人员想的还是如何能少做点事，多拿点钱。

对于大企业来说，或许能养得起那些“滥竽充数”的人，不过，相信大企业的领导者不会容忍这样的事情发生。对于中小型企业来说，则更是无法接受这样的人，他们没有多余的钱去养这些人，他们需要做到的是人尽其用。

那么，企业如何对销售人员进行过程管理呢？

1. 选择与企业要求相匹配的销售人员。有人认为，招聘人员和销售的过程是毫无关系的。其实不然，两者看似关系不大，可细细分析却可以看出，招聘与企业要求相匹配的销售人员为保证在销售过程中的执行力提供了基础。如果所招之人的素质与企业要求差异较大，那么，便无法很好的执行企业的要求。尤其对于中小型企业来讲，招对人远比培训人重要得多。

2. 制定具体的目标。可以按人员分解销售目标，将销售目标具体到个人，明确每个销售人员的销售目标。按时间分解销售目标，销售人员除了要知道自己的销售目标外，还要将一个较长时间的销售目标分解到一个较短的时间段。此外，还可以按渠道、客户等目标分解方式，其目的都是为了让销售人员可以具体到销售目标如何可以实际完成。

3. 工作计划细致化。想提高过程管理，需制定细致的工作计划，这是让销售人员知道怎么去做。工作计划目的就是为了保证销售人员的工作可以如期完成，而且，也可以让管理者对销售人员在具体时间内要做什么事有个了解，并且可以了解到销售人员的执行力如何。

4. 制定适当的工作报表。对于基层的销售人员来说，不需要太多的表格，否则销售时间都会被填表格来代替，而且大都是形式主义。一般来说，一图两表就可以了，即线路图、客户资料表和进销存记录表。

5. 科学的绩效考核指标。企业不仅要考核销售人员的销量、利润等的硬指标，还要考核软指标，如拜访了几次客户和客户的客情关系等。对于销售人员每天的工作也要进行考核，对于这些细节考核指标，可以使销售人员的工作效率与执行力大大提高。还有，企业要保证绩效考核的可操作性。

6. 对过程管理进行稽查。从招聘到过程再到考核，企业虽然使用了各种工具与手段对销售人员进行过程管理，但所谓“上有政策，下有对策”，销售人员的工作场所不太固定，再严格的管理手段，也有漏洞让销售人员捕捉到。因此，对于销售人员的工作过程，企业应进行实时的过程稽查，这会让他们感觉到背后总会有一双盯着自己的眼睛，便不会懈怠工作，这双眼睛一般都是销售人员的直接上级。

【招式提示】

- 在进行绩效管理的时候，企业一定要把握好绩效管理的导向作用，还有考核的信度和效度，将绩效管理系统从思想与执行的角度形成统一认识，否则，绩效管理就会变成一种形式，到最后，不但目的达不到，相反，还会增加管理负担。
- 企业在抱怨销售人员流动性大的同时，应该考虑一下对于销售人员的激励措施是否到位。在很多时候，对销售人员以相应的表扬与鼓励是非常必要的，这会让他们感动自己的价值得到了体现，这也起到了一种推动作用。
- 多与销售人员进行沟通，每个人都是独立的个人，有独立的思想与处事原则，管理者要做的就是通过沟通，打磨其棱角，展现其最优秀的一面，将工作做到最好。

销售计划管理

【开篇引论】

计划在管理学中具有双重含义，即工作计划与形式计划，计划为其他职能提供了一定的基础，而且渗透于其他管理职能之中，就好比是路标，指引计划之中的人一步步走向目标，计划的重要性与其特殊地位也越来越受到企业领导人的重视。

不管是单位还是个人，在做任何事情之前都应该先明确计划，有个大致的安排。只有有了计划，才有可能将事情做好，否则就如在沙漠行走，变得盲目且不确定。

时代的变革与发展给人们带来机遇的同时也带来了风险，对于管理者来说，在抓住机遇并利用机遇的同时，还能将风险降到最小，那么，就如在前进的道路上架起了一座桥梁，使自己能立于不败之地。可是，如果管理者没有计划或是计划不够周详，那么，就会使企业陷入困境。

在企业的销售工作中，可以说，销售计划就是销售管理的基石，如果没有销售计划何谈销售管理？销售管理过程其实就是销售计划的制定、实施与评价。在销售过程中，按订单、产品生产及市场预测情况，对某一段时期内企业的销售品种、品种销售量及销售的价格作出计划安排，这便是销售计划管理。

【工具运用】

一、销售计划管理的内容

在销售计划管理过程中，销售计划为销售管理提供了目标，但若想让目标管理更具意义，必须进行科学的销售计划管理，这样，管理效率才能提高。企业如果想顺利地开展销售工作，占据市场份额，获得利润，那么，就必须进行销售计划管理。其主要内容包括：目标市场的确定、销售预算的制定、销售配额的制定、实施计划的制定。

1. 目标市场的确定。所谓目标市场就是指经过市场细分后，企业将对其实施营销策略的子市场。目标市场的确定可以让企业在市场细分中找到不同的产品的不同消费群体，以便于在随后的销售预测等的销售计划过程中更好地制定销售战略，那么，在进行市场销售时也会更为准确。

2. 销售预算的制定。主要就是指对于企业全部或是特定产品进行销售数量及金额的估计，对于企业资源的分配、计划、预算及销售定额的确定等的销售管理工作安排有着深远影响。基本的程序为：确定预测目标、收集与分析资料、对于销售预测的方法、提高预测的准确性。

3. 销售配额的制定。销售配额主要是指在一定的时期内销售人员需要完成的销售任务和需要达成的销售目标。销售管理者在制定销售计划的过程中需要事先分配给销售人员一定的销售配额。企业一般有其常用的市场配额，如销售量配额、财务配额、销售活动配额和综合配额。

4. 实施计划的制定。在企业销售活动中，实施计划的主要作用就是计划、协调与控制，直接决定着企业销售经营的成功与否。

二、销售计划分类分析模型

销售计划可细分为很多种，从不同方面对销售计划进行分类，分类越细致、全面，销售计划的制定也就越精确。下面是销售计划分类分析模型。

分析竞争对手是一个系统的工作，其中包括多种因素和多个环节，如果某一个环节或某一个因素缺漏或者分析不到位，都会或多或少地影响整个分析工作，下面是一个竞争对手的分析模型。

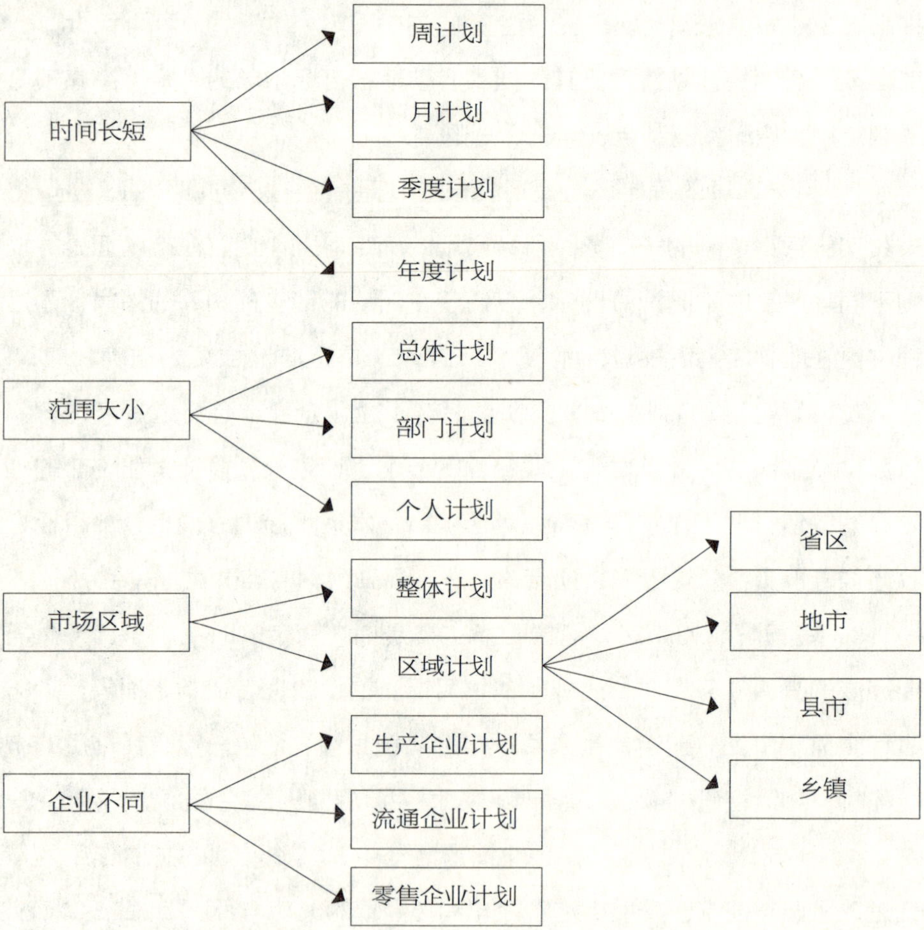

从上图我们可以看到，对于销售计划的分类极为细致，贯穿整个销售，这样才便于整个销售计划的制定。

三、销售计划的编制与执行

销售计划在编制过程中需按照一定的程序与要求来进行，大致可分为以下几个阶段：

1. 准备阶段。在准备阶段需要做的就是对产品的需求进行调查，然后进行科学的预测，从中掌握市场需求发展变化趋势。对企业的生产力、供货与推销能力等需要全面了解，以此来找出相对薄弱的地方。就上期的推销情况进行分析，对计划的数据资料进行搜集、整理、编制。对于计划期内的推销目标和方针予以确定。

2. 计算平衡阶段。将企业相关部门组织起来，以销售部门为主，对计划期内的销售计划指标进行试算。与管理者直接共同研究，对计划中的指标、策略与方法进行客观地评价。然后正式开始编制计划，报上级部门审批。

3. 确定阶段。当所制定计划审批通过后，便下达给销售部门，作为正式的销售计划予以实施。当所制定计划与上级部门的意见有出入时，需对计划进行一定的调查与修订。销售计划的正确编制非常重要，同时，还需要对销售计划的执行情况进行定期的检查、分析，以便及时发现问题并解决问题。

【招式提示】

- 在进行绩效和制订销售计划之前，必须要对自身能力有个正确的认识，否则计划过于浮夸或者不切实际，就会偏离正确的轨道。
- 每件事情的发生都有其规律可循，在销售计划管理中，可以遵循一定的规律对历史数据进行分析研究，避免出现相同的错误。

工具 9

分销对路，畅销无阻：渠道管理

- 分销渠道挖掘开拓
- 处理各渠道之间的关系
- 激励渠道的技巧与方法
- 管理经销商的工具与策略
- 渠道评估与改进

分销渠道挖掘开拓

【开篇引论】

对于企业来说，如果品牌、形象、产品等是企业的财富，那么，畅通有效的营销渠道就如同是企业的无形资产，为企业产品的销售保驾护航，企业拓展与占领市场离不开营销渠道，这也是关键所在。

何谓分销渠道，就是指产品或者服务在从生产者转移到消费者的过程中，取得了这种产品与服务的所有权或对所有权转移的所有企业与个人提供帮助。分销渠道在提升销量与扩大网络的同时，品牌在局部市场的影响力也在其作用下扩大。分销渠道包括：生产者、商人中间商、代理中间商、最终消费者等。

那么，为什么要使用分销渠道呢？当产品离开企业后，就掌握在了分销商手中，他们见证了产品的整个周期，虽然企业提供了资源与保险，可是，为消费者安排交易且提供服务的人却是分销商。

不得不承认，分销商可以将产品更高效的提供给目标市场，而且使生产企业的开发成本大大地降低了，也相对减少了管理环节。对于协调供给与需求方面，分销商发挥着不可忽视的重要作用，这也是众多企业选择分销商的原因。

【工具运用】

一、选择渠道成员流程及标准

首先，对于企业分销渠道的目标和策略需要认真了解，这是支持营销目标与策略的。

其次，从已掌握的信息资料中，以选择标准为依据来对渠道成员进行评价，从而找出与企业渠道目标与策略相符合的渠道成员。

再次，初步选出与企业渠道要求相符合的渠道成员，然后进行深一层的洽谈，最终达成合作意向，确定渠道成员。

然后，细分企业分销渠道的整体任务，确保每个渠道成员的任务落实到位，以便于事后对渠道成员进行绩效考核和利益分配。

最后，对渠道成员的稳定性加以维持。

二、分析分销渠道的来源

1. 广告。可以通过广告来吸引分销渠道，这种传统的媒体是寻找合作对象的惯用方式。

2. 网络。如今已进入互联网时代，网络覆盖率也越来越高，而且费用低，信息沟通及时、充分。

3. 中介。中介机构一般都有较多的行业信息和经验，而且中介机构也相对公正、客观，可以付一笔费用将整个事务委托给中介机构来做。

4. 商业展览。通过参加商业展监览或者年会也会找到合适的合作对象。

5. 招标。

三、分销渠道类型

一般常见的分销渠道类型有：

1. 直销。省去中间商，由厂家直接到消费者。概括为以下三种：订购分销、自开门市部销售、联营分销。这种类型的产品有安利、雅芳等。这种方式的优点在于可以按照需求生产，对于目标客户的需求可以更大限度地满足。

2. 间接分销。主要形式是生产者－批发商－零售商－消费者，现如今，企业利用间接分销渠道的比重越来越大。其优点在于利于产品的广泛分销，弥补生产者人力、物力、财力上的不足。其缺点在于因流通环节增大或运输中产品耗损而增加成本，使消费者的负担加重，而且不利于信息的直接沟通。

3. 长渠道、短渠道。其长短主要是按流通环节的多少来决定的。零级渠道：制造商－消费者，一级渠道：制造商－零售商－消费者，二级渠道：制造商－批发商－零售商－消费者，三级渠道：制造商－代理商－批发商－零售商－消费者。

4. 宽渠道、窄渠道。其宽窄主要取决于渠道每个环节使用同类型中间商数量的多少。宽渠道是所使用的同类中间商多，在市场上，产品的分销面广；反之，则为窄渠道。

5. 单渠道、多渠道。单渠道主要是指企业的全部产品由自己直接所设的门市部销售，或者直接全部交由批发商经销。多渠道则是多种多样，一般是在本地区时采取直接渠道，在外地采取间接渠道。在一些地区采取独家经销，在另一些地区则采取多家分销。消费品市场采取长渠道，而生产资料市场则采取短渠道。

【招式提示】

- 为使企业自身在竞争中处于优势，企业需注意发挥自身的优势，可以将分销渠道模式的设计和企业产品、价格、促销等策略结合起来，进而可使营销组合的整体优势增加。
- 保证分销渠道的畅通高效，分销效率的最主要标志就是流通的时间、流通的速度和流通的费用。所选择的分销渠道应将产品快、早、好地通过最短路线送达到消费者面前，供其购买。

处理各渠道之间的关系

【开篇引论】

在市场营销组合中，营销渠道占据了重要位置，对于企业来说，也是关键性的资源。各渠道之间的关系也直接影响着企业的长远发展，可是，无论对渠道进行的设计与管理如何的好，渠道之间都不可否认地存在着竞争与冲突。当渠道成员所从事的活动与本组织实现自身目标相抵触时，就会发生矛盾与纠纷。从另一种角度看，分销渠道的设计是渠道成员在不同的角度、利益与方法等因素的影响下完成的，所以说，渠道冲突的发生是必然的。

不过，渠道之间的竞争对渠道有刺激作用，促使其不断地创新与变革，不可否认，渠道之间的竞争起到了一定的促进作用。

【工具运用】

一、界定渠道冲突类型

要处理渠道之间的关系，首先要梳理一下各渠道之间的关系。渠道之间的关系是合作、冲突与竞争，首先要清楚的是渠道之间的冲突是良性的还是恶性的。良性冲突可以引导渠道改良，可以提高分销效率与渠道成员的积极性，在无形中加强了影响力与掌控力。恶性冲突则是中间商进行不合理的窜货、终端烂价，进行多渠道的冲突。

良性冲突起到了一种推动作用，使组织不得不积极地进行检讨与提高、管理与协调。现如今，渠道之间的关系应趋于合作化，渠道之间不应是单一的冲突与竞争，而是在协作的基础上，进行良性竞争。要达到双赢的局面，那么就要进行合理的协调与管理。

二、渠道冲突的表现形式

渠道之间的冲突所表现出来的形式是多种多样的，有些是竞争过程，因激烈的市场环境所表现出来的正常摩擦，这些冲突大都是无害的。有些则是恶意冲突，会使整个分销网络发生动荡。有些则起到了优胜劣汰的作用，不仅使网络结构有所改善，还能提高渠道的效率，这些冲突是有利存在的。渠道冲突的表现形式有以下几种：

1. 垂直渠道冲突。主要是指不同层次企业之间在同一渠道中的冲突。比如说，渠道发出抱怨，说政策不够统一、连续性太差，厂商却抱怨渠道的忠诚度不够、不遵守规则；渠道抱怨售后的服务质量不佳，厂商却抱怨市场开拓与巩固不力。而且，零售商对批发商或者生产商也同样存在着类似的不满。垂直渠道也叫做上下游冲突，原因之一：分销商开始越来越重视利益，在销售产品过程中多采取直销与分销相结合的方式，这就与下游经销商不可避免地展开了争夺客户的战争。原因之二：下游经销商在实力增强之后，对于目前所处地位便开始觉得不满，在渠道系统中希望可以有更大的权利。

2. 水平渠道冲突。这主要是指处于同一渠道模式、同一层次的中间商之间的冲突。这种水平冲突的产生原因为：生产企业对于止标市场的中间商数量的分管工域没有做出一个合理的规划，这种现象使得中间商开始为自己的利益而相互倾轧。

3. 不同渠道的冲突。主要是指生企业建立了多渠道营销系统，之后，不同的渠道为同一目标市场服务，进而所产生的冲突。现如今，可以利用的渠道在不断地增加，加之，随着顾客细分市场，大多数企业也开始采取多渠道的营销系统。其冲突最为强烈是表现在某一渠道降低价格或降低毛利的时候。

三、渠道冲突的解决方法

处理各渠道之间的关系，就是解决渠道冲突，那么，渠道冲突的解决方法有哪些？

1. 树立更高一级的目标。在与对手进行激烈竞争时，如何才能团结渠道各成员？那就是树立更高一级的目标。主要就是各渠道成员通过一起努力，以此来达到个人所无法实现的目标。一般情况下，只有渠道在不断受到威胁的时候，一起实现更高一级的目标才会对解决冲突有帮助。

2. 有效沟通。这种方法主要是看领导力，通过劝说来解决冲突。劝说从本质上来说为有冲突的渠道提供了一次有效沟通的机会。

3. 进行谈判。谈判的最终止标就是为了解决冲突，从某种意义上来说，妥协或许会避免一时的冲突，但并不能解决根本问题。不过，这需要每位成员形成独立的战略方法，为解决问题提供一层保护。

4. 利用法律。这是借助于外力来解决冲突问题，这也意味着身处渠道中的领导者将不会起到任何作用，谈判与劝说等途径已无法去解决冲突带来任何影响。利用法律手段需要注意的就是，或许对方会遵守你的意愿来改变自己的行为，可是也会因此而对你产生不满，这对于冲突的彻底解决并无益处。

5. 退出渠道。这是一种很普遍的方法，这一做法可以理解为，一是为自己留后路，二是改变自己无法实现的业务目标。如果水平冲突、垂直冲突无法调和，在这一情况下，退出或许是最好的方法。

【招式提示】

- 要完全消除各渠道之间的冲突是不可能的，企业领导者要做的就是进行正确的管理与协调，把这种冲突控制在可处理的范围之内。
- 对于企业来说，如果分渠道已经确定，那便不要轻易更换渠道成员，因为渠道模式的确定需要用大量人力、物力与财力去建立与巩固，这一过程也非常复杂且缓慢。所以说，使渠道一直处于相对稳定的状态，便可以使渠道效益得到进一步的提高。
- 在选择与管理分销渠道中，企业不能只是追求自身的效益而对其他渠道成员的局部利益视而不见，合理分配各成员之间的利益，有利于减少冲突的发生，对于解决矛盾非常有利。

激励渠道的技巧与方法

【开篇引论】

无论身处哪个行业，做事都需要一定的动力，如果一味地卖力，却听不到一句鼓励的话，得不到一点奖励，那么，积极性也会随之越来越弱。

在很多时候，给一点甜头就能办成很多事情，在营销界，营销渠道管理的地位越来越受到重视，在渠道管理中，有一项内容是不可或缺的，那便是营销渠道的激励。企业为了使渠道成员可以努力完成分销目标，从而采取的各种激励或者促进措施。激励渠道主要是提升渠道成员的积极性与忠诚度以及提高渠道的稳定性与整体竞争力。

【工具运用】

一、激励渠道的技巧

很多时候，不是不想做，而且出发点是好的，可是，如果不讲究技巧的话，就会出现好心办坏事的情况。激励渠道也要讲究一定的技巧。

1. 让渠道看到利益。主要是指让渠道对企业的未来有信心，企业要做到的就是规划，即准备如何来操作未来的市场；理念，即市场经营理念；

动作，即企业所要采取的动作。一个成功的管理者一定是一位煽动力极强的人，他会给员工描绘一个美好的未来，让人们充满愿景。在与经销商接触时，一定要将企业最好的一面展现给经销商。

2. 为激励营造环境。首先要有充分的时间，在拜访客户时最好不要选在客户的公司或是店铺，因为这很容易让其分心，说不定接个电话就起身走了，致使没有充分时间与经销商进行沟通。其次，将地点选在自己的地盘，因为这样可以让经销商有机会看到公司的实力与亮点。也可以让经销商参加企业营销会议，增强经销商的合作信心。

3. 进行双向沟通。与经销商进行沟通时不能只顾着表达自己，而忽略了对方的意见，沟通应该是双向的。业务人员在与经销商进行沟通时应很好地表达，不时听一下对方的反馈。

4. 用专业来证明实力。主要是指要让经销商觉得你很专业。一般表现在形式与动作上，任何时候都应保持良好的形象。在拜访客户时，首先要体现的便是专业性，无论是外表还是动作。另外，还要注意语言的艺术与技巧，赢得对方信任。

二、激励渠道的方法

1. 目标的激励。每年厂家都会给分销渠道成员制定一个年度目标，当目标完成时，分销商就会获得一定的利益，对于分销商来说，这也是一种挑战和动力。制定渠道目标一定要科学合理，过高会显得遥不可及，过低会变得轻而易举，到最后都无法达到预期的激励效果。

2. 渠道的激励。这其中包括两方面内容，即物质奖励和精神奖励。物质奖励表现在价格的优惠、渠道费用的支持等。精神奖励表现在培训、旅游、决策参与等，主要是为满足分销商成长需求和精神需求。

3. 工作的设计。这种激励方式较为高级，厂家对于渠道成员之渠道领域进行合理的划分，授予独家经营权，对经营产品进行合理的分配，各渠道成员之间相互尊重且互惠互利，以达到双赢局面。

【招式提示】

- 在管理与激励一定要掌握分寸，对于经销商的奖项设置时，最好不要使用现金或者直接使用本产品，这样会使价格变得混乱，对经销商的积极性造成一定影响，而且也会波及到销售。
- 在对零售商进行激励时，切忌以进货附赠来压销量，这是个极为危险的信号。零售商的销售量基本是固定的。这样就会形成一种局面，终端消费者无法消化零售商多进的货，进而形成了大量库存。此时，零售商为了刺激消费就会选择降价。因此，压销量也就变相成为降价销售，而价格越卖越低则会让零售商觉得没有钱赚，这表面上看似是激励零售商，实则对其打击不小。

管理经销商的工具与策略

【开篇引论】

时代在不断地发展、不断地进步，在营销过程中，渠道日渐趋于重点化，企业对于经销商这一合作伙伴也是既爱又恨。经销商一直处于一个风光无限的位置，既不用考虑生产管理，又不用对市场风险埋单。对于企业来说，制定一定的经销商政策与监控执行固然很重要，可是，从另一方面来讲，经销商是独立的，他们不属于企业人员，这里所制定的政策，他们也无须理会。

其实，简单来说，与经销商的合作只是一种商业关系、利益关系。如果中间不存在利益，那便不会有交集，可以说，利益就是维护经销商与企业之间的纽带。

对于企业来说，如何管理经销商是非常重要的。

【工具运用】

一、应对经销商的方法

企业在满足经销商、考虑经销商利益得失的同时，也需要遵守相关制度与原则。经销商所承担的责任就是将产品与资金在生产厂家与消费者之间转移，现如今，生产企业所关心的课题就是如何有效地管理经销商。

1. 利益关注。利益维系着经销商与生产企业的合作关系，这是毋庸置疑的，可是，真正关心经销商利益的企业却少之又少。企业和营销人员必须做好经销商的利益管理，才有可能要求经销商的忠诚度。那么该如何做呢？首先需要了解一下经销商在经销自己的产品时希望获得的利润与利益是哪些、有哪些有效的措施是为了确保经销商利益的。这里所指的管理最主要的就是对经销商的利润管理，就如关注自身的销量一般来关心经销商的利润。在分析自身销量的同时，也关注一下经销商的利润目标是否完成了。

2. 经销商的需求需满足。经销商会有各种各样的需求，对于这一点，企业与营销人员需重点研究与管理。换句话说，如果企业或者营销人员可以准确地掌握经销商的需求是什么，并予以满足，那么，对于经销商的管理将会顺利很多。那么，如何对经销商的需求进行管理呢？需要建立可以与经销商畅通的信息交流沟通平台，以此来发现经销商的需求，并对经销商的需求进行备案，由专门部门与专人管理。

3. 培训。市场竞争日趋激烈，经销商感觉到生意越来越不好做，已经不能再凭经验去做生意了，所以，经营管理相对规范、制度健全的生产企业应发挥其培训部门，以确保经销商与自身的理念同步。那么，如何开展以销商的培训工作呢？企业需专门设立经销商培训部门，也可以以网络或者内部报纸杂志等媒介的形式登载供经销商培训的文章。

4. 抑制经销商的不合理要求。一般来说，经销商与企业之间的合作是建立在一定的游戏规则与制度规范内的，当经销商违反了游戏规则或者触犯了制度，那么，营销人员就需要马上提出警告，否则只会让经销商变本加厉，那么，制度也就成为了虚设。

5. 对经销商下线客户进行管理。对于经销商下线客户的管理较为繁重且有一定的技巧，需要企业与营销人员在平时就做好经销商下线客户的统计与分析工作。其主要作用在于，从宏观上帮助企业找到销量增减的原因并发现其中的问题。同时，也可以对经销商销量的增减情况有个清晰的了解。

二、对经销商的管理策略

在对经销商的管理过程中需讲究一定的策略，如：

1. 激励经销商。一般情况下，生产企业对于经销商都会有一些激励措施，可是，真正建立起高效渠道的生产企业却不多。原因在于形式过于单一，一般都是采取一种滞后兑现的激励模式，即返利政策。还有一方面原因在于经销商对于利润的把握不到位。针对这些原因，生产企业可以加强对经销商的激励力量，即强制打压、报酬促进、法律制约等。为经销商提供广告支持或者陪同销售及提供销售工具等。

2. 控制经销商冲突。冲突避不可免，生产企业要做到的就是深入沟通与交流，对共同的目标进行调整，以此来巩固战略合作关系。

3. 评估经销商能力。很多企业都明白一个道理，当产品进入成熟期后，面临的将会是衰退期。经销商的选择同样如此，在长期运作中，经销商会慢慢显现出惰性因素，自我意识膨胀，这样便使得利用率变低，没有积极性。所以说，生产企业应定期对经销商的表现进行衡量，对其变化进行密切关注，以便采取相对应的措施。

4. 强化高效快捷的渠道策略。只有通市场交换，产品才会到达消费者的手里，让其价值得以实现，企业也能从中获取利润。所以，企业对分销渠道的选择非常重要，只有正确地选择，才能快速在有利条件下，将产品转移给消费者。

【招式提示】

- 企业或者营销人员必须对经销商的资料进行详细掌握，然后进行分析研究，与经销商进行沟通，从中观察经销商的销售情况，进而发现问题、解决问题。

- 营销人员需与经销商保持良好的合作关系，有利于产品的销售，这也是销售工作较为重要的内容。经常检讨与经销商之间的关系，想办法加深与其的合作关系，从某种程度上来说，也会获得经销商的支持，极大地影响销量。

渠道评估与改进

【开篇引论】

渠道评估主要是指生产企业对于渠道系统的整体绩效与渠道成员的绩效活动的测量与检查。其主要目的在于清楚了解渠道成员的绩效和改进渠道工作、奖惩与调整渠道成员，有利于对渠道管理绩效的评价与渠道管理工作的改进。渠道评估需具有一定的科学性、系统性及简洁性。

随着经济体制的建立与完善，大多数企业对于营销渠道越来越重视，并将其上升到了竞争层面，可是，没有意识到渠道评估的重要性，很多时候企业是将渠道铺出去，可是渠道好不好、到底有没有用，针对这些问题却不是很清楚。企业没有一套完整的评估模式，或者只是简单应用几个指标，草草了事，对于渠道的分析、了解、改进没有多大的帮助。

通过渠道评估，可以使渠道管理人员对渠道的运行等各方面情况有个精确的了解，在此基础上，可以对渠道结构及政策进行必要的调整。

【工具运用】

一、渠道评估方法

渠道绩效评估是一个极为重要的过程，渠道评估方法有以下几种：

1. 层次分析。这一方法是将定性分析与定量分析结合在了一起，将人的思维过程层次化、数量化。营销渠道是一个大系统，而这一方法刚好可以将其分解成若干相关子系统，继而根据子系统内部的不同要素的重要性对其做出正确评价，如果将层次分析法真正运用到渠道评估上，便需要进一步的分析与资料收集、处理。

2. 模糊综合评判。这种方法主要针对无法直接用准确数字进行量化的评价问题。这一方法除了可以按照综合分值进行客观地评价与排序，而且，还可以对评价对象划分等级，能够较好地评判对象与层次问题。鉴于内部结构复杂、不稳定且很多因素无法定量化研究的特征，模糊化的评判方式刚好与之契合。

3. 灰色关联分析。广泛应用于灰色系统理论，其对因素之间相对变化的情况进行了定量描述，由序列曲线几何形状的相似程度可以判断出其是否联系紧密，将动态过程发展态势进行量化分析。

4. 专家测评。这一方法有以下几个特征：具有匿名性，即参与评价的专家之间并不知晓，这样就避免了相互影响。轮间情况反馈，每一轮的评价结果都要作出统计，然后每位专家都会收到反馈材料，以便在下一轮的评价时作为参考。结果统计特性，对结果进行处理时采取统计方法。这一方法考虑较为全面，如指标的重要度、专家权威系数及积极性系数等都考虑了进去，并对专家意见的集中度、协调度、变异系数等进行计算，继而分析研究，使其方法更具权威性。

二、渠道系统绩效评估内容分析模型

分析渠道系统绩效评估内容需具有一定的概括性和综合性，需要以营销渠道的整体评价出发。下面是对渠道系统绩效评估内容分析模型。

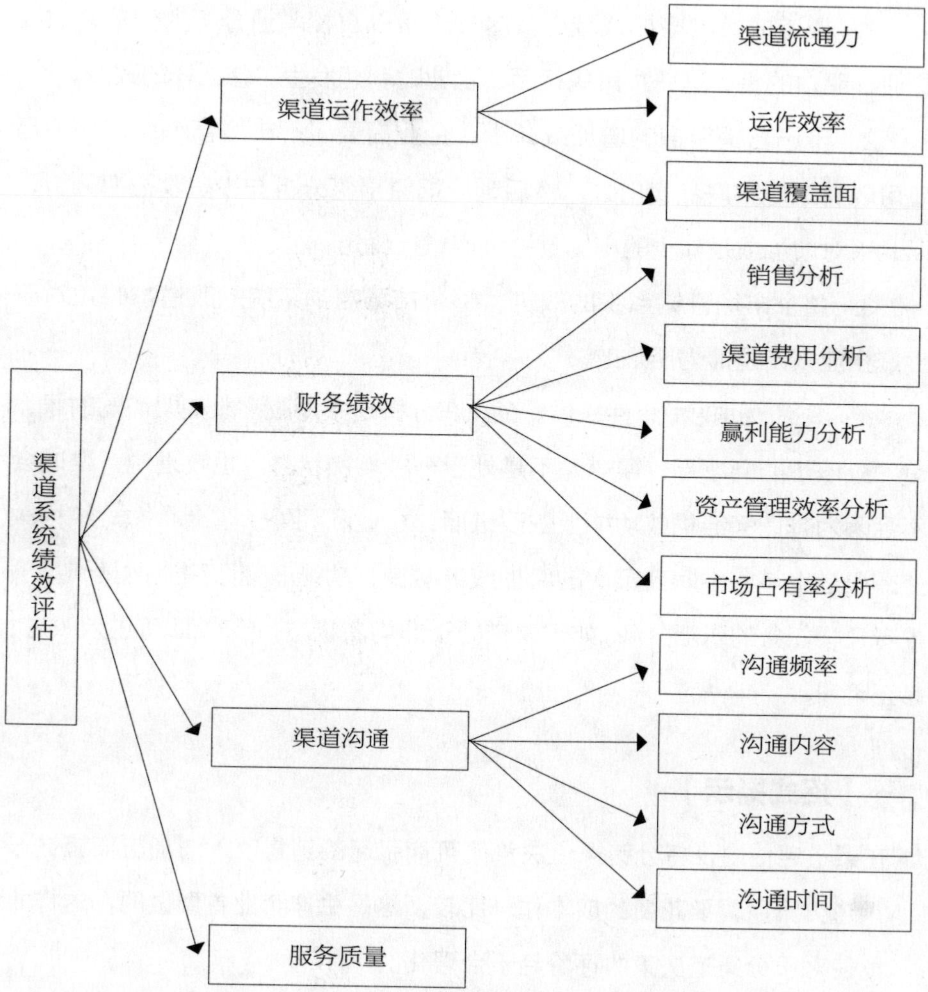

从图中可以看出，渠道绩效评估的内容需从多方面进行分析，只有这样才能使渠道评估更加全面，利于之后的渠道改进。

三、渠道改进

渠道改进又被称为渠道改进决策，对于生产企业来说，除了要设计一个良好的渠道系统外，为适应市场的新动态，还需要定期对其进行改进。下面就是对渠道改进方法的分析：

1. 渠道成员的增加或减少。这一决策以直接增量分析为依据，需要企业弄明白的是，这一决策执行后，企业的利润发生了什么样的改变。

2. 市场营销渠道的增加或减少。企业需要了解市场营销渠道是不是还可以有效地将产品卖出去。然后利用损益平衡分析与投资收益率分析，以此来对增加或是减少的市场营销渠道进行确定。

3. 整个市场营销系统的改进。整个市场营销系统的改进与修正对于生产企业来说是最为困难的。

4. 渠道改进的概念性探讨。企业在分析是不是应该改变渠道的时候，首先应该想的问题是，渠道是不是处于一种均衡状态。也就是说，渠道会不会因为其任何结构或功能上的改进而让企业利润处于增减状态。结构改变即渠道上某些中间商层次的增加或者减少，功能改变即渠道成员间某项或者几项任务的重新分派。如果渠道处于非均衡状态，那么，即可进入改进、修正阶段。

【招式提示】

- 在渠道评估中，将分销渠道决策所可能引起的销售收入增加与实施这一渠道方案所需要花费的成本作一比较，这是生产企业首要做的，这样才能使对于分渠道决策的评价趋于合理化。
- 在对分销渠道的设计与选择时，一定要考虑企业能不能对分销渠道进行有效的控制，这对于企业维持市场份额，实现长远目标起着非常重要的作用。
- 在进行渠道评估时，还需要考虑分销渠道是不是具有一定的地区适应性、时间适应性及中间商适应性。

工具 10

手里有粮，心中不慌：产品管理

- 产品分类管理
- 产品库存管理
- 产品组合管理
- 给产品一个好位置
- 品牌扩展管理策略

产品分类管理

【开篇引论】

对于消费者来说，产品由于其原料、产地、工艺、技术标准等方面不同的特性，可以满足消费者日常生活的各个方面、不同人群、不同季节、不同层次、不同地域的需求。产品分类就是将产品的集合体，即自身属性、特征、使用价值、状态等进行科学地、系统地分类，这一步骤也是为产品采购、存储、筛选、陈列、促销等环节的有效管理做铺垫。

对产品进行分类，其主要目的就是为了便于管理，据不完全统计，市场上流通的产品达 25 万种以上，将产品分门别类，针对不同的分类适用不同或者类似的管理方法进行管理，可以让我们更快地得到有用的信息。而且，可以为消费者购买提供方便，也能提高企业经营管理水平。

【工具运用】

一、产品分类

产品分类以其用途、原材料、生产方法、化学成分、使用状态等的属性和特征为依据，这也是较为常见的分类依据，下面来具体分析一下这些分类依据：

1. 用途。一件产品的生产，其目的就是为了满足社会上的一定用途，所以说，产品的用途在一定程度上标志着产品的使用价值，同时，也是探讨产品质量的重要依据。其优点在于，方便对相同用途的各种产品的质量水平、产销情况、性能特点及效用等进行比较，从某种角度来讲，对生产者提升产品质量、增加品种有一定的促进作用，同时，便于消费者进行对比选购。但是，对于用途较多的产品则不太适用。

2. 原材料。产品原材料的选择非常重要，直接决定着产品的质量与性能。原材料的种类、质量不同，那么，其成分、性质、结构也会不同，即产品的特征也会完全不同。其优点在于分类清楚，在本质上反映出了产品的性能与特点，在确定销售、运输、储存条件的时候，为其提供了有利依据，为产品在流通中的质量提供了保证。但是对于采用多种原材料组成的产品则不适用这种分类标志，例如汽车、电视机、洗衣机等。

3. 生产方法。有很多产品原材料相同，可是生产方法不同，于是产品的质量特征也会不同，进而形成了不同的品种。其优点在于，基于生产方法与工艺的不同，使得产品的个性更为突出，对于销售与工艺革新更为有利。但是，对于生产方法不同但性能、特征没实质性区别的产品不适用。

4. 化学成分。有些产品的主要成分虽然相同，可是，因为含有某种少量的特殊成分，所以，产品的质量、性能、用途就会因此变得截然不同。其优点在于，可以很好地反映出产品的本质特征，对于深入了解产品特性、保管与使用方法及开发新品种、满足不同消费者需求等具有非凡的意义。但是，化学成分复杂或者化学成分不明显的产品不适用这种分类标志。

二、产品分类方法

在对产品进行分类时，通常是先选定产品的一个主要标志，把产品分成大类，接着依照不同的情况，选择相对适宜的标志把产品依次分为中类、小类或者更细致的分类，因此而形成了互相联系，相互制约的整体，即产品分类体系。产品分类体系的建立一般有两种方法：

1. 线分类法。又被叫做线分类体系，主要是指将分类产品集合总体，按所选定的若干分类标志，逐次地分成相应若干个层级类目，并编制成一个有层次且逐级展开的分类体系。其一般的表现形式为大类、中类、小类、细目等，在这个体系中，各层级所选用的标志不同，上位类和下位类之间构成子并列或者隶属关系，而同一个类目划分出来的下一级类目之间存在着并列关系，没有重复与交叉。线分类法的信息量较大且层次分明、逻辑性强，与传统应用习惯相符合，同时适用于手工操作和计算机处理。但是，其结构弹性较差，一般确定之后，再想变动某一划分标志就会显得很困难，所以，在选择线分类时，必须要对后备容量进行充分考虑。

2. 面分类法。又被叫平行分类法，主要是指把所选定的分类对象按其自身属性或者特征，分成若干个没有隶属关系的面，每个标志层面都包含着一组类目。将每个面化分为彼此独立的若干个类目，将其排列成一个由若干个面所构成的平行分类体系。面分类法的特点是较为灵活且方便，结构弹性好。但是，组配结构较为复杂，且信息容量的利用率较低，一般适用于计算机处理，不利于手工处理。

【招式提示】

- 一定要选择适当的分类依据，以便于更准确地对产品进行分类，且分类一定要遵循一定的科学性、系统性。
- 产品分类的出发点是消费者需求，从利于产品生产、销售、经营习惯出发，给予消费者需求最大限度的满足。

产品库存管理

【开篇引论】

库存，顾名思义，就是仓库里储存的货物，库存管理就是指在物流过程中，对于产品数量的管理，又叫库存控制。在过去，人们认为，仓库里的存货越多，就表示企业越好、越发达。相反，现代管理学却不这样认为，现代管理学认为最好的库存管理就是零库存。因为，库存就意味着产品还没有转换为货币，库存越多，那么相对的，占用的资金也就越多，这样便会加重利息负担。不过，也不能过分降低库存，否则会出现断档的情况，服务水平相对下降，会对销售利润与企业的信誉造成不良影响。

【工具运用】

一、库存管理

库存管理在企业的生产、销售过程中有着非常重要的作用，其在为企业生产、经营需求提供保证的同时，将库存量控制在了一个合理的水平线。现代库存管理就是及时掌握库存量动态，然后适时、适量地提出订货，避免企业出现超储或者缺货的现象。库存的管理在一定程度上控制了库存资金的占用，为资金周转提供了有利条件。

库存管理有狭义、广义之分，从狭义上来看，库存管理就是对仓库的物料进行盘点、数据处理、保管、发放等，采取一些手段，如防腐、控制温湿度等，以此让所要保管的实物库存一直保持在最佳状态。从广义上来看，库存管理的最终目标是使公司的财务运营达到最佳。通过对于整个需求和供应链管理流程的优化，对 ERP 控制策略进行合理设置，然后运用一些相应的信息处理手段与工具，以保证及时交货为前提，降低库存水平，将风险（库存积压、贬值）减到最低。从某种意义上来讲，库存控制就是为了实现公司财务目标。

二、库存管理模型分类

随着社会的发展，管理工作也越来越规范化、科学化，库存管理的理论也有了较大的发展，企业管理中也经常会用到库存模型，且取得了显著效果。下面是库存管理模型分类图。

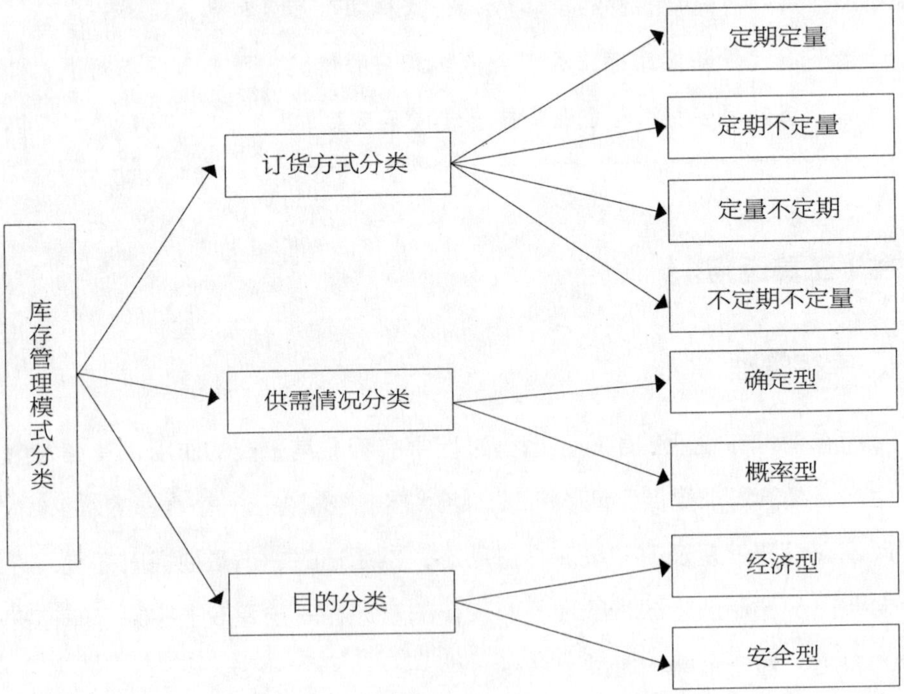

从图中可以看出，库存管理模型的分类更加细化，从多个角度进行细分，深入研究库存管理模型，可以对其更加了解，以便更娴熟的运用。

三、库存管理内容

对于销售人员来说，在营销过程中，常握库存管理的知识与技巧是非常必要的，其中，库存管理包括两方面内容，即 1.5 倍原则和存货周转。下面就来具体分析一下这两方面的内容。

1. 1.5 倍原则。这是在很多销售实践中总结出来的安全存货原则，具体数据是在上期客户的销量基础上建立本期建议客户订单的依据，这是库存管理中的主要内容之一，也是销售人员所必须掌握的工作职责之一。这也是一种营销策略，便于销售人员主动争取客户订货量，且时时刻刻能掌握客户的销售情况。1.5 倍原则具有一定的科学依据，但需灵活运用，视具体情况而定，运用得当，便可保证客户的存货充足，将断货、脱销的可能性降到最低，为客户能随时能买到所需产品而提供一定的保障。

1.5 倍原则做出的订单相对来说都比较合理，既维持了合适的存货数量，避免出现断货现象，又可以让货架空间得到最大限度的使用。在帮助客户有效利用空间与资金的同时，不致于使货物出现积压现象。

2. 货存周转。我们都知道，不管是什么产品都不是一下子可以卖完的，这中间会持续一段时间，存货是必然的，尤其是食品类，它还存在一个保质期的问题，所以说，进行科学有效的存货管理是非常必要的。对于客户来说，存货周转是对其进行的库存管理的主要内容之一，同时也是销售人员重要工作职责之一。

存货周转有两种类型，即前线存货与后备存货。这里的前线存货主要指在货架上陈列的货物或者是零售商购物环境处的散装产品。后备存货主要是指在仓库内存放的主要用于补货的货物。货存周转对于销售者的要求是，向客户货架上及时补充货物，以保证货架上的产品以生动化标准呈现。

同时，还要遵循一定的原则，如先进先出原则，此原则让消费者所购买的产品永远都是新鲜的。在一定程度上存货周转对于销售起着直接刺激的作用，换句话说，如果货架上的货物卖完了却没有及时补货，很显然便会失去很多销售机会。

那么，如何才能进行有效的存货周转呢？

首先，要全面掌握分司产品知识。如产品保质期、存放条件等。

其次，了解产品包装的适用范围与库存量。通过对消费者及客户需求的分析，进而了解到各种品牌及包装的知识，然后向客户推荐正确的品牌与包装的产品组合。

再次，对存货周转进行深刻了解。

最后，掌握一定的存货周转方法及技巧。

【招式提示】

- 在进行库存管理时，需要考虑很多问题，如按销售计划所生产的产品，在市场流通时要考虑在什么地方存放多少。还有，确定库存量和如何保证补充问题需要从服务质量及经济效益出发。
- 库存放在什么地方，这是一个很重要的问题，考虑数量与地点是首要的。相对于配送中心，则以客户需求为中心，设置适合的地方。相对于存储中心，原则以尽可能减少向配送中心补充为主，地方没有特别限制。当存储点确定后，一定要清楚各存储点都存了什么产品。

产品组合管理

【开篇引论】

从某种方面来讲，产品就像人一样，有成长期，也会经历衰退期，所以，企业很少会单一地经营一种产品。在世界上，大多数企业所经营的产品都是种类繁多，如美国的通用电气公司，其经营产品达到了25万种以上。当然，并非所经营产品的种类越多就越好。就企业而言，该生产和经营哪些产品才是对自己最有利的？所经营产品之间如何配合关系？这些便都是产品组合的问题。

产品组合主要是指，一个企业在一定时期内生产或者经营的各种不同产品的全部产品线、产品项目的组合方式，也被称作产品各色品种集合，产品组合存在着几种变数，即产品组合的宽度、长度、深度、一致性。

【工具运用】

一、产品组合

无论企业从事哪种行业，产品组合都非常适用，而且还能计算出产品组合的平均宽度、深度等。如宝洁公司，其有很多产品线，拿牙膏产品线来讲，就在三种品牌，即格利、克雷丝、登奎尔，所以说，牙膏这条产品线就有了三个产品项目。克雷丝牙膏又有三种规格、两种配方，那么这种牙膏的深度就是六。当计算出每一种产品项目的品种数目时，就可以计算出产品组合的平均深度了。

产品组合在进行过程中，企业需要注意三个方面的问题，且需要做抉择。那么，是哪三方面的问题呢？

1. 产品项目是否进行增加、修改或者剔除。

2. 产品线是否进行扩展、填充或者删除。

3. 需要增设、加强、简化或者淘汰的产品线有哪些？然后以此为依据来确定最佳产品组合。

这些问题的抉择需要遵循一定的原则，即利于促销、增加企业总利润。

二、产品组合管理

产品的组合管理是一个动态决策的过程，在这个过程中，产品项目会一直处在被评估、选择与排序当中，产品项目可能会被提升、取消、降级，资源会被不停地重新分配，产品组合决策的过程伴随着的永远是不确定与变化信息。

一个产品的上市，除了在设计上契合顾客需求外，相对的，还少不了其他方面的配合。现如今，产品设计早已不是单一的一个部门了，而是跨部门的合作关系下的产出。参与产品开发的人多了，随之增加的便是新产品开发的成本与时间。那么，对于企业来说，最重要的是什么？即有效协助企业降低成本，将新产品上市的时间缩短。

就企业而言，成功的第一步是什么？就是选择“对的产品”。能够满足顾客需求的产品有很多，可是，企业不管是人力、物力还是财力等资源都是有限的，所以，不能将每一项产品变成一项专案。在这样的情况下，企业就要在诸多理论上行得通的专案中做出理智的选择。这里的选择分为三个层面，即对于某些专案的放弃、诸多专案执行的优先次序、投资在这些专案上资源多少。而此时，产品组合管理发挥了最重要的作用，即协助企业处理这三种选择。

对于企业来说，如果选错了专案，那么，即便后来有高效率的支援和配合，其结果只会背道而驰，与目标的距离也越来越大。

【招式提示】

- 必要时，企业可以增加产品组合深度，即向上、向下或是双向延伸，这样做的主要目的就是为了更好地适应和满足市场需求，使企业的竞争力变得更强。
- 对于企业来说，产品大类的深度在进行低档次扩展后，需要考虑的是在向市场推介的时候，为这些新产品项目塑造一种可以适应特定需求的市场形象。这样做的主要目的就是为了避免产品形成一种低档次形象，进而影响到企业其他高档次产品的市场形象。
- 分析市场，如果发现某项产品项目市场前景堪忧，或者说经营效果不是很好且难以改变，那么，就要毫不犹豫地将其淘汰掉。

给产品一个好位置

【开篇引论】

产品本身就是一个活广告，但需要一个适合的位置来展示，通过产品陈列的优劣来决定消费者对于商铺的第一印象。对于产品来说，通过视觉感受来刺激消费者的购买欲望，所取得的效果也是很显著的。

试想一下，如果进入一个商铺，产品毫无章法地摆放在柜台上，连经营者都无法第一时间找到相应的产品，何况是消费者了。也许看到这样的商铺连走进去的欲望都没有了，何况是购买产品了。

产品的摆放位置极为重要，即便只是水果蔬菜、糖果零食，也要如一幅静态的写生画一般，透露着艺术气息，从某方面来讲，产品所展示出的美感可以引起消费者的购买欲望，进而促成购买行为。

产品摆放的基本思想便是从整体上看着整洁、美观。摆放时不能一成不变，尝试不同的摆放方式，给人以焕然一新的感觉，一定程度上左右着产品的销量。所以说，给产品一个好的位置，可以有效地提高销售量。

【工具运用】

一、产品陈列

传统的产品展示就是将产品单一地摆放在固定的货架上，随着社会的发展，市场竞争也越来越激烈，对于产品的摆放位置也有了很高的要求，现代产品的展示已不仅仅是拘泥于单一的展示形式了，而是要尽量营造出一个完整的人性化空间，即产品空间、服务空间、顾客空间等。

在整个展示空间中，利用一切可以利用的资源，无论是从造型、色彩、照明还是装饰手法上都要力求新颖、与众不同。从布置方式上也可以多花心思，使展示空间变得更为生活化、人性化、现场化。在参观方式上，让消费者有机会参与，讲求互动性，使观看产品不再是单一的买东西，而是一种高层次的享受。

如此一来，便加深了消费者对于产品的了解，使其对于产品的记忆更深了一层，进而对于产品甚至是品牌产生好感，刺激消费者的购买欲望，以达到最终的目的，即提高商业空间的营销能力。

二、产品陈列技巧

产品的摆放以充分展示产品特性为主要目的，然后最大限度地来吸引消费者。所以，如何合理、规范地进行产品陈列是非常重要、关键的。

1. 借势陈列。主要是借助其他力量陈列产品，如借助相关产品来进行陈列，即借时机（新品上市）、借地利（旺销产品）、借心理（消费者购买行为）、借竞争（紧贴竞品），等等。

2. 比较陈列。主要是将功能、包装及品牌等具有不同特征的产品陈列组合在一起，从而将产品的差异化完全展现出来。不过，不要将同质化严重的产品摆放在一起，也不要将所表达的主题不统一的产品摆放在一起。还有，同一品牌的产品切忌摆放在一起。

3. 生动化陈列。这种陈列方式主要是为了使品牌形象与产品特征更为突出，故利用相对美观的辅助材料及多元化造型来对产品进行陈列。

4. 关联陈列。以产品中的某种共同特性来进行陈列，这种方式适用于同一类别的产品及同一活动内容的产品集中陈列。

5. 突出陈列。将产品的某种重要特征突出表达出来。

【招式提示】

- 将同类别及价位的产品大邻近货架或者位置上陈列，产品陈列一定要易拿、易取、易还原，即将大的、重的产品放在下面，小的、轻的产品放在上面。将同一品牌或者系列的产品配套齐全一起陈列出来，所陈列产品的空间一定要保持干净、卫生。
- 时时注意新品的信息，可以做提前预售，对新产品可以做一个专题陈列，摆放产品时，视觉效果一定要好。必要时，可以利用指示牌来引导消费者，方便其找到产品位置。
- 产品陈列在接近收银台的位置也是不错的选择，这样在消费者等待结账的过程中也可以注意到产品。

品牌扩展管理策略

【开篇引论】

现如今，越来越多人的追求品牌，尤其是名牌，不仅仅是因为它质量好、服务好，更重要的是名牌从另一层面上满足了人们的虚荣心。

品牌可以为消费者省去很多问题，我们都知道，购买决策错综复杂且存在一定风险，而品牌则可以将这样的风险降低。而且，品牌可以使消费者挑选产品的过程变得简化，例如，一个长期购买某品牌产品的人，就没有必要在同类产品的挑选上煞费苦心了。

对于一个品牌的拥有者来说，倘若可以以其绩效、特性及形象作为基础，然后制定出富有创造性的战略，以品牌的专门化或是多样化来对品牌进行拓展，那便会使这一品牌快速成长。

简单来讲，品牌扩展就是企业借助其成功品牌的形象推出改良产品或者新产品，这其中包括新的产品包装、味道及样式等，这是一种名牌创立策略，即凭借现在名牌产品形成系列品牌产品。

【工具运用】

一、品牌扩展存在的问题

对于企业来说，要想在风起云涌的大市场上站稳脚跟，就必须有其独特的核心竞争力。那么，能看得见的核心竞争力是什么呢？就是品牌竞争力。企业的所有核心竞争优势，如资源、技术、人才、管理、营销等，这些优势最终也都是在为品牌竞争力服务，也只有这样，企业才能在竞争激烈的市场上持续生存与发展。

因此，树立起企业自身所特有的品牌，重视企业品牌的推广，对企业的发展至关重要。但是，企业在这个过程中会遇到各种问题，如果稍不注意就会影响企业的未来发展。那么，企业在品牌扩展过程中存在哪些问题呢？

1. 品牌意识不够强。如今，还有很多企业依然停留在传统的产品观念上，忽略了自身品牌创立。这些企业认为品牌的创立时间过长、投入过大，所以，他们开始过分依赖于他人的品牌，所以，也无法享受到自身品牌所带来的丰厚利润。长此以往，面临的将是被行业淘汰。

2. 科学决策力不足。现如今已过了主观决策的年代，当企业步入成长期、成熟期时，信息量就会大大增加，随之加大的还有品牌容量，如果只是靠主观决策，那么，企业是无法有长远发展的。在品牌的整体运作中，运用科学决策，便会起到事半功倍的效果。

3. 竞争手段不够高明。广告、降价已被列入较为低层的竞争手段，据调查表明，只有15%~35%的消费者才会将价格作为购物的主要标准，而一半以上的消费者看重的还是品牌。有的企业过分依赖广告，将广告看成是做品牌，进而忽略了对产品质量及优质服务的投入。还有的企业则是让自己陷入了价格战中，品牌形象荡然无存。

4. 品牌定位不够准确。成功的品牌定位意味着成功了一半，也有了与竞争品牌正面交锋的资本，反之，则会失去优势，还会让消费者产生抵触情绪。对于企业来讲，把控好品牌定位，便拥有了较高的市场占有率。充分掌握与运用定位理论，才能将品牌强大的竞争力激发出来。

5. 形象塑造不够鲜明。如今，消费者在购物时最重要的选购指标是品牌形象，如果品牌形象不够鲜明，那么，消费者便无法当即辨识。如产品在造型上的美观度、时髦度、多样化等较为薄弱，而且品牌设计方面，如命名设计、图案设计等都存在着致命的弱点。要将投放在产品功能形象上的宣传抽离出来，着重于品牌形象的宣传。

6. 品牌评选公信力缺失。被利益驱使，一些企业变开始利用品牌来变相赚钱，通过一些不知所谓的评选来创造“名牌”，好像只要有钱，就可以创出一个名牌。本身以指导及促进为主要目的的评选，却因为过于泛滥而变得毫无意义。

7. 缺乏创新。创新就企业而言是其争夺市场最为有力的武器，而大多数企业却只在乎产品推出，却没有真正进入品牌推出阶段。企业要想在竞争中脱颖而出，一定要抢先进行产品研制，满足消费者的需求。

8. 市场沟通不到位。在进行市场沟通时，不应只注重“概念”传递，而忽略了产品创新与增加科技含量。

二、品牌扩展策略

品牌是企业最为重要的无形资产，就企业而言，如何实施科学的品牌扩展策略才是最重要的。具体来说，企业在实施品牌扩展策略的过程中可以采取以下对策：

1. 考虑现有品牌的定位和适应范围。如今处在多元化市场，企业也越来越认识到没办法为该市场所有消费者提供产品及服务，因此，就需要对市场进行细分，以此确定目标市场，为品牌进行具体定位。其主要目的就是为了建立一个与目标市场相关的品牌形象，进而引起目标消费者的注意。在品牌扩展策略实施过程的中，企业一定要注意品牌的一致性与兼容性，比如金利来打的是“男人的世界”，那么，就不适宜生产关于女性的产品。

2. 考虑新产品和原产品之间的关联程度。这里的关联程度主要是指新产品和原产品在生产技术、分销渠道、售前售后服务方面的关联程度。关联程度大，那么，品牌扩展就较容易得到消费者的认同，反之，则不宜采取品牌扩展策略。

3. 在品牌扩展之前，先对品牌资产价值进行评估。品牌扩展的主要目的是凭借现有品牌的声誉与影响向市场推出新的产品，所以，这一品牌应有一定的知名度、美誉度和市场占有率。反之，就很容易使企业顾此失彼，处于被动局面。

4. 在原品牌上挂上次品牌或者副品牌。品牌扩展存在一定的风险，所以，为了不波及企业的核心品牌，可以在原有商标不变的情况下，为新产品挂上次品牌或者副品牌。比如“康师傅”品牌，旗下就包括有“珍品”系列、“家常”系列等。

【招式提示】

- 品牌扩展的进行是一个极为系统的工程，这就要求管理者从宏观上考虑，把握品牌定位，以定位所设定的品牌建设目标为依据，为纲领着手与之相关的推进性、阶段性和配合性工作的制定。
- 品牌扩展不能只是一个空壳，一定要将品牌推广落到实处，至于形象怎么做、广告怎么打，促销如何做等这些问题都是次要的，最重要的就是对品牌扩展有个正确的认识。

工具 11

后起之秀，牛上加牛：新品管理

- 新产品研发流程管理
- 新产品包装策略
- 新产品上市管理
- 新产品推广策略

新产品研发流程管理

【开篇引论】

新产品的研发需要一个漫长的过程，产品开发也有一定的流程。产品开发流程主要是企业用于想象、设计、商业化一种产品的步骤或者活动的序列。简单来讲，流程代表了一系列的步骤，它们将一系列的投入变成了一系列的产出。

流程不是一成不变的，也不能一概而论，有的企业界定和遵循清楚且极为细致的开发流程，有的企业却对流程一知半解，甚至无法将他们的流程描述出来。相对来说，每一个企业所使用的流程与其他企业的流程在一定程度上应有一定的区别。事实上，即便是同一企业，相对于不同的研发项目，或许所采取的流程也会有所不同。

【工具运用】

一、准确界定研发流程的意义

1. 提供质量的保证。新产品研发流程就是确定开发项目的阶段与研发流程的节点。这些阶段与节点的选择需要用明智的头脑去鉴别，如果选择正确，那么这一遵循产品研发流程的方式就为最终的产品质量提供了保证。

2. 双向协调。产品研发流程一定要保证清晰，才能发挥起主计划的作用，团队里的每一个活动者角色都受其规定而行动。如果需要团队成员贡献及需要其信息与材料交换的时候，这一计划就会起到协调作用，为团队成员之间的信息传递提供一定保证。

3. 计划。产品研发流程包括完成每一阶段的自然界限，这些界限的时间排列对于整个研发项目时间表的制定起到了非常好的促进作用。

4. 管理。对于即将完成的开发活动，产品研发流程是其效果的评估标准，将实际事件与已经建立的流程之间进行对比，管理者便可以将可能出现的问题从中识别出来。

5. 提高。对于组织开发流程整理归档，对于提高机会识别很有帮助。

二、新产品研发流程管理

基本研发流程的阶段：

1. 规划阶段。首先要确定新产品的发展方向，主要是根据客户需求与市场预测来确定，然后由产品研发部进行资料的收集，进而对新产品研发规划进行编制。之后由决策层进行讨论，通过后向产品设计部门下达产品设计任务书。由项目经理负责新产品的研发，最终到产品批量生产，到达客户手中。

2. 系统水平设计阶段。这一阶段其实就是一个反复的过程，从方案设计到技术设计、试制、试验，再到改进设计、试制、试验，评审不通过，就需要如此反复进行，直至产品鉴定确定小批试生产用图。

3. 生产技术准备阶段。样件进行改进设计阶段，与此同时，部分有把握的零部件可以提前进行生产技术准备。当上一阶段结束，评审通过，那么，就可以开始大规模的生产技术准备。这其中包括有工艺设计、公司自身设备、工装设计制造，公司外的设备订货、协作件配套选点及采购生产用的原辅材料。

4. 试生产阶段。在上一阶段完成后就可以进入试生产阶段，且是小批试生产。主要目的在于对工艺工装能否满足批量生产需求的验证，还有就是对小批试生产产品进行各种行为试验，以此来确定产品质量和技术水平是不是可以满足设计的要求。

5. 批量生产阶段。在进行这一阶段之前，需要完成售后服务准备工作，这其中包括新产品的各种技术文件，上述各阶段完成之后，制作样品，以供客户，确认之后，新产品便可以进主批量生产阶段。

【招式提示】

- 在进行研发项目的选择时，一定要从企业所制定的研发战略出发，且最终依附于企业的总战略，只有这样，才能使企业战略利益得到最大化。
- 很多企业在研究项目可行性时，只在乎技术方面，却忽略了经济上的合理性与管理制度的完善性。他们在评价过程中只看片面，即便是技术上再成功，可是，到最后却因为经济原因而以失败告终。
- 新产品的研发必须从企业的现实情况出发，充分做好可行性论证。

新产品包装策略

【开篇引论】

有这样一句话：人靠衣装，佛靠金装。这句话同样试用于新产品的包装，一个好的包装是对新产品宣传的重要手段之一。第一印象是非常重要的，新产品要想进入竞争激烈的市场，且得到消费者的认可与青睐，除了拥有良好的内在质量外，美观且实用的包装也是非常重要的。将新产品的造型、照片、文字等信息在包装上反映出来，就如一个小型广告牌，在介绍产品的同时，也起到了招揽客户的作用。

不是有一个词叫“外貌协会”吗，其实，很多消费在购买过程中对产品也是“外貌协会”的，产品的包装是他们选购产品的重要原因之一。

产品的包装还可以将其用途通过艺术构图、色彩、造型、文字等反映出来，进而产生很强的感染力与吸引力，给消费者极强的视觉冲击力，最终促成销售。所以，对于企业来说，在开发出了新产品之后，对于产品包装也要重视起来。

【工具运用】

一、新产品的包装设计

新产品的包装最重要的就是包装设计，它直接影响着新产品的命运。这就要求设计人员进行全方位的分析研究，其中包括自身因素，如新产品的特性、品级、价格等，还有外部因素，如市场、消费者、竞争者等，然后进行设计构思，包装设计受产品、地区、消费对象的不同而有所不同。

包装设计有一定的技巧，如：

1. 能够真实表现产品。包装上的信息一定要能真实地反映产品，可以采用实物拍摄图片，这样所取得的效果要比画图要好很多。这种包装方式较适用于“亮相”产品，采用透明的包装，比密闭包装要有利。

2. 给消费者提供方便。在新产品的包装上，需具体标明产品的用途、用法、注意事项等，消费者可以通过图文说明便可以对新产品信息一目了然，然后加以使用。

3. 以保护新产品为前提。好的包装不仅仅是包装设计，还需要注意包装的结构设计，对于产品安全有很大的帮助。

新产品的包装最主要的目的就是吸引消费者，进而促成销售，为了可以吸引消费者，在包装上就要下功夫，最重要的就是讲究一个“新”字，力求新颖。

新产品的包装设计可以分为三个方面，即艺术含量、技术含量、感情含量。艺术含量型追求的是艺术美，讲究精、巧、奇，从设计上可以烘托出产品的别致与高雅。技术含量型从另一方面反映了名牌产品“名牌性”，除了使包装更加新颖，还可以为产品提供更好的保护。感情含量型追求的是回归自然，给消费者以美感及精神享受。

二、新产品包装策略

新产品要顺利打入市场，就需要做很多准备，对于新产品的包装策略也是非常重要的，最为常见的包装策略有：

1. 附赠包装策略。这一策略主要是在包装内放入另一种东西，或者说，包装本身能换取礼品。比如在玩具内附赠另一种新颖产品，以此吸引消费者。这种策略可以以新产品来带动老产品，既得到了利润，又赢得了消费者的心。

2. 类似包装策略。这一策略讲究的是，企业所生产的所有产品，无论是在包装外形、图案还是颜色等方面都采取同一种形式，这一策略使企业的包装成本大大降低，对企业声誉很有帮助，同时，还能加深消费者对产品的印象，起到很好的视觉效果。

3. 再使用包装策略。这种策略较为环保，在产品使用之后，包装还能继续使用，此时，包装也是企业的一种产品。另外，还可以采用退换包装的方式，可以重复购买。在方便消费者的同时，还能打开销路。

4. 改变包装策略。这其实与创新是一个概念，也同等重要。一般指企业为了扩大市场及吸引消费者，而做出改变包装的策略。或者是产品的销量下滑时，可以通过改变产品的包装来改变销量。

5. 配套包装策略。将几种相关联的产品配套包装，成套销售，为消费者的购买、使用和携带提供便利。

6. 绿色包装策略。现如今，人们的环保意识越来越强，绿色环保也成为了社会发展的主题，贯穿于各个行业，绿色概念营销方式也应运而生，在产品包装设计上，所选材较多为可重复利用或者可再生、易回收处理、对环境无污染，而这样的包装也容易引起消费者的共鸣。

【招式提示】

- 设计人员一定要对产品的性质与特点进行分析研究，以此为依据才能选择利于新产品包装的材料，最终确定新产品在包装到销售过程中不损坏、不变质、不变形。
- 设计人员需对消费者的需求和愿望进行了解与研究，走向生活实用性，注重生活审美与享受，这样做可使产品设计迈向一个新台阶、新品位，对产品促销起着积极的促进作用。

新产品上市管理

【开篇引论】

企业的每一次决定都关乎着企业未来的发展，每一次的战竞争都蕴藏着无限智慧，每一个品牌的成功都是商业智慧的体现。

对于企业来说，品牌的成功，从上市策划开始，所经历的每个阶段都值得学习。如果新产品在上市阶段表现就可圈可点，那么，就会为这一品牌未来的成功奠定基础，同时，还为市场进一步投入与快速市场复制提供最有力的增资理由。

只有运筹帷幄，才能决胜于千里。商场沉浮，为保持企业的市场活力或者扩大市场份额，大多数企业都选择不断地开发新产品，以此来推动企业的销售增长。不过，很多事情都事与愿违，产品结构乱、品牌提升慢等现象时常会出现，进而扰乱了整体市场的销售布局。

推出新产品策略，在方向上是对的，但成功也绝非偶然，新产品的上市，除了策划方案的制作，还需要有良好的 PDCA（P 为计划 PLAN，D 为实施 DO，C 为检查 CHECK，A 为处理 ACT）管理循环能力系统。

【工具运用】

一、新产品上市细节

随着社会经济的发展，产品的更新换代越来越让人眼花缭乱，今天还能看到的产品，明天说不定就不存在了。或者，到了第二天，突然就会出现一种新型产品。新产品的上市非常重要，直接影响着企业未来的发展。对于新产品上市场，有几个细节非常重要：

1. 市场调研与分析。无论什么产品，如果脱离消费者的需求，没有特色、卖点、诉求点、利益点，那么，是很难在市场上立足的。如果产品需要具备以上特性，那么，就需要对前期的市场进行调研与分析。通过调研，可以准确把握消费者的需求，建立起自己的竞争优势，以此来满足消费者。换句话说，也只有以市场调研为基础，才有可能以合理的方式将合适的产品以合理的价格卖给合适的人。最重要的是，调研一定要从实际出发，简单、快速，切忌盲目。一般来讲，市场调研分三个阶段，即产品的调研，主要包括已有产品及研发产品的调研；二是新产品在上市之前的市场测试调研；三是调研企划方案。市场调研最主要的就是论证新产品填补的是市场的空白，而非企业的空白。

2. 重视产品的“第一次营销”。第一次营销主要是指在新产品上市之前，认真研究产品的概念、消费者对该产品的需求、产品定位、产品工业化等，然后以这些发现为依据，进行产品设计。企业在产品成为成品之前已对市场进行了定位，如产品应卖给谁，产品有何差异化竞争优势来吸引消费者，且争夺竞争品牌的市场份额。可是，市场上却存在着这样的现象：反正新产品已经生产出来了，只要想着将产品卖出去就行，通常，这些产品的上市大都是根据经验觉得不错就生产出来了，大都没经历过“第一次营销”。此时，就需要新产品经历“第二次营销”。进行第二次营销通常有两种情况，一种是通过“第二次营销”来对策略方向进行修改，另一种是受国家法律法规影响，不能进行大的调整。

优秀的“第一次营销”，可以让新产品的上市又加大了胜算，反之，就要进行“第二次营销”，但却困难重重，会受到很多方面的限制。在新产品上市场之前，越是做好准备工作，取得成功的机会就越大。

3. 基本策略的确立。当产品上市的时候，营销部门要对市场进行详细的规划，从而确定一些最基本的上市策略。

4. 上市执行。新产品从良好的“第一次营销”到试销，做好充分的上市准备且确定基本的上市执行策略后，就进入了市场开拓的实际操作阶段。

二、新产品上市营销战略

如今，企业无论大小都明白了一个道理，那便是如要长远发展，必走之路就是新产品上市。可是，就现在企业来讲，新产品上市的成功几率却很小。市场竞争越来越激烈，新产品上市的管理流程也成为多个工作流程中最为重要的一项。建立标准化的新产品上市流程，以适应市场环境变化，对于企业来讲，是不得不面对的营销现实。

1. 勿将新品看成是当年销售的增长点。新产品的价值一般情况下是在 12 个月以后才体现出来，虽然上市后或多或少会带动一定的销售，可是，如将其作为年度销售目标的一个组成部分，那么，就显得过于急功近利了，会出现拔苗助长的现象，一些必要的工作流程也因此而变得缩减，进而忽略了产品质量与完整性。

2. 建立起以客户价值为导向的管理流程。新产品上市成功的关键在于正确发现与定义顾客价值，即产品概念，而非来自于技术或者管理者的个人判断。

3. 对销售额进行科学预测。很多时候，企业在新产品上市过程中缺乏一定的科学性，只是采用简单的推算法，导致新产品的不成功。一般在新产品上市管理的流程中，在12个月内的销售里有4次对产品的预测，且都是以量化的市场调研数据为依据，进而对上市预算进行进一步的评估。

4. 成立新产品上市小组，且充分授权。很多企业都会出现这样的情况，领袖意识严重，这样就使得核心领导过于干涉新产品上市的重大决策。而这种情况使得科学调研与分析形同虚设，失败也成了必然。所以说，为使新产品成功上市，企业应将新产品上市成员独立出来，同时，要求所有成员全职进行产品上市工作。

5. 导入项目管理制。在所有的营销活动中，新产品的上市是最为复杂的工作，其涉及到多个部门。为使工作质量得到保证，企业非常有必要导入项目管理方式。

6. 借助量化分析支持工具。新产品在上市过程中，所涉及的关键点达20多个，任何一个关键点的失误，都会使企业限入困境。因此，可以通过科学的分析支持工具来避免这个问题的发生。如概念的测试、广告播放前的测试等等。

7. 终止项目要果断。在新产品的上市准备阶段，随着对市场和产品的逐步了解，便会发现一些不可克服的问题，此时，面对这种情况，需果断终止项目，避免遭受更大的损失。

【招式提示】

- 无论企业大小，新产品全面上市之前，非常有必要在某些区域进行试销，其目的在于对市场进行测试。
- 一些企业在新产品上市时以失败告终，最主要的原因之一就是没有做市场测试。一般测试时间为3～6个月，便于企业对营销过程进行修正和改进。

新产品推广策略

【开篇引论】

对于企业来说，新产品就如给企业注入了新鲜血液，可以给企业带来无限的活动与动力，让企业可以在市场竞争中得以发展。有了新产品就意味着多一个竞争武器，企业的市场销售会增加一个增长点与利润点。但事事无绝对，不是有了新产品就一定能占领市场，新产品的推广也是非常重要的，就好比为新产品搭建了一座通往成功的桥梁，只有桥梁够坚固，才能通往成功。

很多企业之所以频频丢掉市场，无利润可言，很大一个原因在于现有产品的老化，新产品的推广不到位，这使得企业在发展过程中举步维艰。那么，对于企业来说，如何做才能使新产品的推广取得成功呢？

【工具运用】

一、推广前的准备工作

对于企业来讲，新产品推广不成功的原因有很多，但关于营销团队的问题却很少引起企业的重视。对于营销人员，企业认为只是找来卖产品的，对其既没有正规的考核，也没有激励措施。这就导致了营销人员的销售变得很被动，毫无积极性可言，新产品在走向市场之前就已经被营销人员给否定了。

如果企业想要将具有战略意义的新产品推广成功，那么，首先要先关注营销人员，将新产品的相关信息传递给他们，然后加之有效的营销考核与激励措施。

1. 全面了解新产品。对于新产品的详细资料、相关的生产流程、出口跟单基本常识等，营销人员都必须详细掌握。这样，在与客户进行沟通与谈判时才能更具说服力。反之，即便客户有意与企业合作，你却一问三不知，那么，合作也就不存在了。

2. 客户的开发。对于客户的开发，需要对市场行情进行观察，对新产品进行有目的的推广。对于产品的销售方向及主推市场一定要了解清楚，寻找自身产品所需的较大市场，进行逐步推广。

3. 营造全员推广环境。很多人都明白，新产品的推广有一定的难度，所以，很多营销人员不愿推广新产品，这便出现了一种现象：新产品不是死在了市场上，而是扼杀在了营销人员手中。所以说，企业在进行推广新产品之前，一定要营造全员推广的环境。首先要做的就是明确目标，进行思想的统一，然后做好推广培训，树立信心。所设定的目标一定要量化细分、切实可行。为营销人员灌输一种思想：不考虑推广失败后的结果，主要考虑如何推广才能成功。

4. 执行力。计划再完美，如果没有强有力的执行也是无法开展的。企业的长远发展离不开新产品的研发与推广。产品的及时更新与升级是企业可以长远发展的王道。

二、推广工具的运用

在一个新产品的推广初期，消费者对产品或者服务缺乏一定的信任，所以，直接的广告宣传无法取得最佳的宣传效果，甚至会造成资源浪费。

因此，在进入推广期之间，应先建立信任度。建立信任度最有效的方法就是利用第三方权威新闻媒体。客户自身在对新产品无法进行信任判断时，便会对他人的评价产生依赖。还可以采取现场互动方式，我们都知道，超市的很多产品都可以试吃、试用，有的能直接触摸，这一做法使得其销量远远高于不提供体验的同类产品。

一般来讲，真正进行广告投入一般在前期公关活动铺垫的 2 ~ 3 个月之后。一般常用的新产品推广工具有：

1. 电视媒体。电视媒体是很多企业首先的推广工具，可以提升品牌形象及提高品牌的认知度。有一定的感染力，给客户视觉及听觉上的享受，但其成本较高且受众选择性较差。

2. 报纸。通过报纸推广，可在短期内提升销量。报纸较为灵活，适用于本地市场，且可信度高，但寿命较短，再现质量较差。

3. 路牌。可以提升企业及产品品牌的形象，给人以强烈的视觉冲击力，可帮助企业提升品牌形象，但是对于产品理性诉求的帮助不明显。

4. 卖场。可以提高购买且提升品牌地位，冲动购买的可能性较大，但是因卖场产品较多，故会受到各种条件的限制。

三、新产品推广存在的误区

1. 盲目铺货。新产品刚刚上市，消费者需要一个接受的过程，况且，新产品没有一点销售基础，也没有固定的客户群，所以，不见得铺货率越高就越好。大面积的铺货可能会降低终端推动力，而这一现象就导致上市失败。

2. 盲目追求终端上货数量。

3. 盲目追求低价格。很多人认为价格低就好卖，销量也就越大，所以，新产品上市后就将产品定得很低，可事实真的是这样吗？其实，大部分的消费者都有“一分价钱一分货”的心理，所以，很多时候，价格低也就等同于质量差。

4. 盲目追求广告量。广告宣传起到了很好的促销作用，而且，新产品上市，广告宣传也是必不可少的，但很容易进入一个误区，会认为广告越多越好，最终导致的结果就是，消费者视觉疲劳，对新产品产生厌烦心理。所以，制定合理的广告计划是非常重要的。

5. 盲目追求推广费。推广费用越高不代表终端就会卖力推荐，也不见得经销商会大量进货，反而会使终端价格变得混乱，产品过度积压。

【招式提示】

- 新产品在选择推广形式要考虑该市场的接受能力，产品在市场的阶段是不同的。
- 新产品在进行促销时一定要把握好力度，结合灵活多变的政策，促销时间也需要进行阶段性调整，防止出现价格体系混乱的局面。

工具 12

兵强胜人，人强胜天：培训管理

- 营销人员素养
- 培训方式集锦
- 培训方式的选择
- 培训效果的评估

营销人员素养

【开篇引论】

社会竞争越来越激烈，企业之间的竞争也无处不在，要想在竞争中立于不败之地，就要将自己的产品很好地销售给消费者，得到消费者的青睐。而要想得到这些，前提就是提高营销人员的素质。营销人员是企业的生力军，只有他们的素质提高了，消费者才能更清晰地了解你的产品，从而提高企业的销路。

【工具运用】

一、营销人员的技能素养

1. 观察能力。这里的观察不是只看看，首先要学会的就是“看”市场，且用专业的眼光与知识去观察，以此来获取重要信息。比如说，有些人到卖场，只是知道促销的产品有哪些、产品都是什么价格等这些最基本的信息。可是，专业的营销人员却能从中获取更多的信息。如，竞品卖得好的原因是什么，如果是因为赠品，那么是什么赠品？如果因为包装，那好在哪里……从另一层面来讲，营销人员也是企业的信息反馈员，营销人员的一大职责就是将准确的信息反馈给企业。

2. 分析能力。由观察来获取信息，由分析来得到结论，所以说，观察与分析是密不可分的。比如，从产品的生产日期可以分析出：日期很近，说明该产品销售和流转处于正常状态；日期很远，说明该产品处于滞销状态。这些间接的信息，必须借助慎密的分析才能获得。

3. 执行能力。执行能力考验的是营销人员的综合素质。营销人员在执行计划的时候会遇到很多困难，可是，从另一方面来讲，没有困难就难以称得上是任务，如果所有人都能完成这件事，那你的价值也得不到体现。执行看的不是要你去找到事情的原因，最重要的是尽力达到理想的结果。

4. 学习能力。销售涉及到很多方面，这就要求营销人员应接触广泛的知识，涉猎范围从财务到管理及相关行业知识。面对这些知识与信息，如果没有超强的学习能力，是无法在激烈的竞争中取得胜利的。

二、营销人员的心理素养

人的心理素养直接影响着人的行为方式与活动质量，对于销售人员来说，良好的心理素养可以使其一直保持着热情、充满自信，这也是销售工作能否成功的决定性因素。那么，营销人员应具备哪些心理素养呢？

1. 积极心态。工作一定要有积极性，才能保持热情，让自己身心完全投入，拥有赢的心态。一个好的产品需要配上足够的热情，才能将产品推销出去。一定要有面对困难的勇气，这样才能克服困难，最终走向成功。

2. 爱岗敬业。我们常说，在其位，谋其职，要想得到领导的重视、更高的薪酬，那么，就要努力地工作。当你为企业创造更高的价值时，你就会明白，付出终有回报。应付工作，不仅是对企业的不负责，更的是对自己的不负责。良好的工作态度，将会给自己带来更大的利益。

3. 团队意识。团队之间要相互信任，要知道，三人行，必有我师。成员之间需要的是分工明确，各司其职。一个团队，如果成员都是各干各的，每个人之间都毫无交流，那么，就会造成信息不能及时传达到各个成员之间，容易造成信息重复等不良影响。

4. 服务理念。据调查显示，再次观临，可以为企业带来25%～85%的利润，而吸引消费者再次观临的因素就是营销人员的服务质量，其次才是产品本身或价格。成功的营销人员会将消费者当成自己的朋友，以消费者为中心，随时随地关心他们，为其提供最好的服务与产品，让消费者觉得精神上得到了满足。

【招式提示】

- 努力学习不一定能成功，但成功的人必定是爱学习之人。不进则退，如果总是停留在原地，面临的终将是淘汰。
- 营销人员需要不断地为自己补充知识，以提高综合素质，才能适应这瞬息万变的市场。持续学习，更新业务知识，是迈向成功的首要因素。

培训方式集锦

【开篇引论】

很多人都知道，无论是进入哪家企业、哪个行业，一经录取，都会对员工进行培训。培训，可以让新进员工了解企业，将企业精神传递给他们，同时，给新进员工注入精神力量。培训对于企业未来的发展所起到的作用越来越明显，而企业也越来越来重视培训这一环节。培训的方式多种多样，本节主要对常用的几种培训方式进行具体说明。

【工具运用】

一、企业外部培训方式

企业外部培训主要有：

1. 公开课。这一培训方式可以与外界进行交流，可以开阔眼界。一般来讲，不能在企业内进行集中培训内容的学习，适用这一方式。

2. 拓展训练。这是一种体验式的培训，可以增强团队协作精神，锻炼意志，更重要的是可以挑战自我，相对来说，参与度较高。

3. 沙盘模拟。主要是把实际工作在沙盘上通过微观模拟再现，一边可以学习知识，另一边便能对工作中的思维方式与行为方式进行系统锻炼。

4. 脱产教育。经过阶段性的集中学习，所要学习的内容可以得到更加系统的掌握。

二、企业内部培训方式

企业内部培训主要有：

1. 讲授法。就目前来说，这一方式是企业较为常用的一种方式，一般是集中学习，信息量较大，类似于填鸭式教学。一般来说，要在短时间内全盘掌握这些学习内容是非常困难的，如要提升培训效果，就要通过培训需求分析、培训管理、培训评估、培训效果落实等系统的工作来加以提升。

2. 情景演练。让被培训者进入角色，亲身体验所处角色的特点，提高培训的主动性，与实际工作有着很好的结合。但是，此方式耗时较长，中途如果因设计不合理或是管理不当而发生问题，那么培训效果就会大打折扣。这种培训方式可以和其他培训方式组合使用，也可以独立进行。

3. 案例培训。这种方式主要是通过案例讲解与分析来学习其中的知识点与方法，从而使受训人员的分析解决问题的能力与系统思考的能力增强。不过目前来讲，大多数的案例都来自于企业外部。如要解决企业的实际问题，还是要提炼企业内部的典型案例。

4. 训练式培训。相对于知识的灌输，这一培训方式更适合于技能方面的培训，即礼仪培训、销售技巧等。受训人员可以亲身实践，进而加深印象。

5. 主题学习性工作会议。这一方式主要是根据企业在某一阶段所关注的专题，召开专题学习会议。在会议中，人们相互学习交流，获得成果与心得。

6. 工作现场即时性培训。这一方式说的主要是在工作中学习，在学习中工作，工作现场就是培训现场。如果工作中出现问题或者提议的时候，就在工作现场对问题进行培训交流，最终解决问题。对于企业来说，这一方式是企业内部最为有效的培训与学习方式。

三、企业的其他培训方式

企业的其他培训主要有：

1. 现场考察。通过参观优秀企业，来学习其好的方面，并“拿来”运用于自身的产品上，这样可以使企业少走些弯路。

2. 培训游戏。大多数时应用在其他培训方式里，借助于游戏，然后进行情景与感悟培训，给人印象深刻。

3. 专题自修。这一方式主要是利用业务时间进行自学，有较大的灵活性，主要运用于补充性学习与制度学习中。

【招式提示】

- 没有艰苦的训练和指导，不会有每个球员出色的技术和脚法，球队也无法在球场上赢得胜利。同样，没有经过培训的销售人员，企业很难在激烈的市场竞争环境中创造辉煌。
- 职业化、规范化的销售团队更有战斗力，更加所向无敌。

培训方式的选择

【开篇引论】

如果想让企业培训变得有效，那么，最重要的就是培训方式的选择。在现代培训中，培训方式发生了极大的变化，除了传统方式，如讲授法之外，还出现了很多新型的培训方式，如情景演练、案例分析等。这些培训方式各有各的特色。

现在困扰着培训者的主要问题就是，如何才能在各种培训方式中进行科学地选择。培训方式各有千秋，只有选择最适合自己的，才能将其作用发挥到最大。

从表面上看，培训方式的选择似乎很简单，实则复杂。培训方式之间可以进行有机结合，然后对培训资源进行合理利用，才有可能是低投入、高回报。

【工具运用】

一、培训方式的选择

选择讲授法的理念性知识培训。如果只是传输理念性的知识就可选用讲授法，一般要求讲授有着丰富的知识与经验，内容应具有一定的科学性与系统性，语言清晰、有条理、有重点，为加强效果可以借助于板书或是多媒体设备。这一培训方式对于受训者来说便于接受新的知识，对于学习进度也容易掌握和控制，而且，可以同时面对很多人，既方便又经济。

1. 选择演示法的技能速成培训。这种培训方式可以让受训者清楚工作是怎样完成的，让受训者试着做，再加以指导。这种方式对于激发受训者的学习兴趣很有帮助，运用多种感观，以加深对学习内容的印象。

2. 选择研讨法的专题培训。这包括有方式，即一般研讨会和小组讨论。研讨会大多以专题演讲为主，在中途或是会议之后可以让受训者与培训师进行交流。而且，每一次的讨论都需要建立明确的目标，快结束时需要检查进度。小组讨论法主要是可以让受训者自由表达自己的感受，可以主动提出问题，可以激发受训者的学习兴趣。在讨论过程中，人们可以取长补短，有利于知识与经验的交流，但是，受训者可能无法系统地掌握知识与技能。这种方式最适用于管理人员的训练或者用于解决存在一定难度的管理问题，对培训师及受训者的自身要求都很高。

3. 选择角色扮演法的交际技能培训。这种方式强调的是，所有参与者都实际作业，每一事项都是不同技巧的练习，保证受训者与培训师之间充分地交流，有利于提高受训者的积极性。这种培训方式对于职业技巧与言谈举止等的人际关系技能较为适用，对培训师的要求很高，直接影响着最终的效果。

4. 选择案例分析法的管理人员充电。这种方式主要适用于企业的管理人员，尤其是对中层管理者的培训。

5. 选择工作轮换法的通才训练。工作轮换主要是为了培养那些刚刚走入企业的相对年轻的管理人员，或者是有管理潜力的未来管理者。但，每个岗位的停留时间应相对长些，太短则会学习不精，就失去了培训的目的。这种方式对职能管理人员不太适用。

二、影响培训方式选择的因素

1. 培训费用。不是每种培训方法的费用都是相同的，演讲、小组讨论方法相对来说费用较低，而多媒体方法因为牵扯到了设备，所以费用较高。一般来讲，外人请讲师费用都较高，在经费不足的情况下，可以只请其讲精华部分，勿让其将一天的课程分三天来讲。

2. 受训者数量。培训方式多少会受到培训人数的影响，人数不多的时候，可选择小组讨论或是角色扮演。人数较多时，最好选择演讲、多媒体教学、大型研讨会等。而且，除了对培训方式造成影响，还会影响培训效果。

3. 受训者特点。主要是看受训者对于基础知识及技能的掌握有多少，比如说，受训者不懂电脑，那么就不适用电脑化的训练或者多媒体教学。如果受训者的教育水平不高，那么，他的自我学习效果相对来说就会比较差。所以说，在进行培训方式选择时，还要注意受训者的教育水平及应对能力。

【招式提示】

- 培训目标直接影响着培训方法的选择，如果说，培训的目标仅限于认识或是了解一般常识性知识，那么，简单程序化教学、演讲、讨论等方法都可以适用。可是，如果培训目标在于对某种应用技能及特殊技能的掌握，那么，填鸭式的培训方法就无法取得良好的效果。
- 培训方式的选择在其次，最主要的就是执行，如果没有较强的执行力，那么，再好的培训师、培训方法都是没用的。

培训效果的评估

【开篇引论】

企业之间的竞争越来越激烈了，竞争也涉及到了方方面面，对于企业来讲，培训也成了其提高员工素养且增强企业核心竞争力的重要手段。现如今，很多企业都着力于如何来提升培训效果，但收效甚微。其中原因有很多，如管理者对培训的忽视；培训目的不明确；培训没有计划性与系统性；选择不适当的参训人员等。基于这些原因，就会出现企业培训费用浪费或者培训预期目标达不到的现象。

培训的最主要目的就是让受训者学会需要让他们掌握的知识与能力，且能及时和适当地运用到工作中去。

【工具运用】

一、企业培训效果的提升

如今的企业都趋于现代化，那么就需要相配套的培训理念、培训制度与运行机制，只有这样，才能跟得上现代化的节奏，才能支持企业朝更好的方向发展。具体来说，表现为以下几点：

1. 提升企业文化的高度。关于企业的培训，最主要的就是培训企业职工技能与文化素养等方面的内容，从这可以看出，创造企业文化的基础与前提就是企业培训。如果培训机制过于“简陋”，那么，就无法营造出良好的企业文化。良好企业文化的建立对于提高劳动生产率、为企业树立良好形象等都非常有效，而且，还能增强企业的竞争力。企业文化的原动力在于创新，创新也使得企业保持着旺盛的发展活力。企业培训的创新，可以促进培训不断地向更新、更高层次发展，而员工的素养也能在此得到提高。

2. 对企业内外部培训资源充分利用。对于企业人力资源培训来说，最重要的资源就是内外部的培训师，一般来讲，培训师、培训内容、培训方式这三方面决定了培训的最终效果，而起着决定性效果的是培训师，因为，在培训过程中，培训师处于主导地位，培训师的培技能与业务知识如果足够熟练与精湛，那么，其所选择的培训内容与方式也就更具有针对性与科学性。

3. 使培训资源得到充分利用。很多人之所以频繁换工作，很大一部分原因就是觉得在原有企业没有好的发展机会。所以说，企业在制定培训计划的时候，所要考虑的范围应再扩大，将企业核心价值观、文化内涵等的培训也纳入到培训体系。培训管理系统中，也可将职业生涯规划纳入其中。当员工认同了企业的价值观，那么，也就与企业融为了一体。因此，培训一定要紧扣企业的目标。同时，可以将培训与员工的晋升、调动、加薪相挂钩，这样可以使员工更加重视培训，也会因此认识到培训对于个人发展的意义。

二、影响培训效果的因素

1. 认识错误。很多企业认为，培训只是在浪费金钱、浪费时间，而且没有明显的效果，对他们来说，一些潜在的效果对于目前情势来说不合算。同时，企业还担心为别人做嫁衣，就是培训后提高了员工的素养与技能，也就加大了人员流失的可能性。员工同时也对培训存在一定误区，认为培训只是走形式，对于企业的发展与自身成长没有实质性的帮助。

2. 计划不科学。现如今大多数的企业培训都缺乏一定的科学性与系统性，不但没有科学的培训需求分析，也没有系统的安排，长期培训与短期培训一起上。而且，企业员工难以参与到设计培训计划，降低了员工参与培训的积极性。

3. 培训方法及技术过于落后。传统的课堂教学主要以培训师为中心，缺乏一定的交流与沟通，与案例教学法、小组讨论法等培训方式相比，效果会相差很多。

4. 培训内容不先进。企业需要培训的内容，主要是关于知识、技能、态度方面的，而现在大多数企业的培训大都停留在知识与技能方面的，对于其他方面的培训则做得不到位。因此，员工的技能提上去了，可是，工作态度与职业精神却停留在原处，导致人员流失严重。

5. 缺乏监督与评估。大多数的企业对培训的现场状况很关注，如培训组织、培训师表现等，这些都是相对表面的考评。可是，培训对于员工行为的影响及公司整体绩效的影响却很少关注。

【招式提示】

- 要想让培训效果达到最佳，企业必须将培训看作是生产的充分条件与产品的内在因素，一定要让产品与培训的开发同步进行。
- 企业一定要建立学习型组织与终身职业培训制度，建立起以人为本的现代化企业文化制度。

工具 13

运行平稳，坚强后盾：财务管理

- 财务管理准则
- 财务分析管理
- 促销费用管理
- 营销人员薪酬管理

财务管理准则

【开篇引论】

对于每个企业来说，无论大小，财务是必设的一个部门，经济可以说是企业的命脉，是其发展坚实的后盾。如果经济出现了问题，那么一切都免谈。所以，财务对于企业来说是极为重要且不可或缺的。

在企业管理中，包含财务管理，主要是依据财经法规制度和财务管理原则，将企业的财务活组织起来，这是一项经济管理工作，主要处理财务关系。财务管理遵循着一定的准则，这一准则就如同理论与实务的纽带，也是为实践所证明的，且被大多数理财者所接受的理财行为准则，为财务理论与决策打下了基础。

【工具运用】

一、财务管理基本准则

1. 关于系统准则。财务管理本身由多个子系统所构成，如筹资管理、投资管理、分配管理等。在财务管理工作中，理财的首要出发点就是要坚持系统原则。理财以整体战略为出发点，不仅仅是为了财务而财务，而且，各个子系统必须以企业理财目标为中心。对于实行分权管理的企业，最终都是以企业整体利益为准。

每种系统都是具有一定层次结构的层级系统，从企业资源配置方面出发，结构比例优化应引起重视，进而使整体优化得到保障。处于理财环境之中的财务管理系统，需要具备一定的弹性，以此来适应不断变化的环境。

2. 关于现金收支平衡。在财务管理过程中，最重要的是要做到在数量上与时间上，现金收入（流出）和现金支出（流出）达到动态平衡，也就是现金流转平衡。财务的业务关系是极为复杂的，比如说，现金的流入与流出的发生，主因在于营业的收入与支出，同时还会受到企业筹资与投资活动的影响。获取收入的前提是发生支出，投资的前提是融资。在这一系列的复杂关系中，企业一定要保持现金的收支平衡，其最基本的方法便是现金预算控制。

3. 关于成本、收益、风险权衡。没有投入成本就不可能有收益，因为付出了成本，便存在着一定的风险。所以说，成本、收益、风险存在着很大的关联，相互联系又相互制约。可以说，成本、收益、风险是三位一体的，理财人员一定要树立这样的观念，用以指导各项具体的财务管理活动。具体表现在：（1）成本与收益的权衡。财务管理进行的是成本与收益权衡；筹资管理进行的是筹资成本与筹资收益的权衡； 长期投资管理进行的是投资成本与投资收益的权衡；运营资金管理的收益很难量化，可是可以追求成本的最低化。（2）收益与风险的权衡。筹资管理主要是对财务杠杆收益和财务风险的权衡；投资管理主要是对投资收益和投资风险的比较；分配管理主要是对再投资收益和再投资风险的考虑。收益与风险存在于整个理财之中且无处不在。（3）三者综合权衡。权衡就是优化，决策的过程也就成了优化的过程。其中体现三者综合权衡的是各种方案的优选、整体优化、结构优化等。

4. 关于管理。以全面协调和统一为前提，按照一定要求，即管理物资和管理资金相结合，使用资金和管理资金相结合，管理责任和管理权限相结合。然后对各级与各部门实行共同承担责任的财务管理，以此将全体员工管理的积极性调动起来，各项管理措施也在此落到实处。

5. 关于委托代理关系。现代企业的委托代理关系包括很多，如顾客和公司，债权人和股东，股东和经理，经理和雇员等。和这些关系人之间的关系，企业大多数处于委托代理关系。在企业的经营过程中，委托人和代理人之间会出现多次利益背离现象，为确保代理人的行为与自己的利益，企业就必须进行激励、约束、征罚与监督。

二、财务管理风险防范措施

1. 财务危机预警系统的建立。这一系统可以预知财务风险，对于出现危害企业财务状况的关键因素时，财务危机预警系统就会发生警告。以此来作出提醒，将财务风险控制住。作为企业的经营者、管理者，应对财务风险指标进行加强分析，对企业营销策略作出适时的调整，有效地控制存贷结构。最终达到减少坏账的目的，使资金使用率得到进一步提高。

2. 财务风险意识的建立。对于国家宏观政策变化，国家产业、投资、金融、及财税政策的变化，企业都要时刻关注着。提前预测企业投资、经营项目，筹借资金及经营成本等方面所有可能产生的负面效应，方便及时采取应对措施。

3. 企业内部监督制度的建立。从某种意义上来讲，内部审计控制就是对其他控制的再控制，其在企业内应该保持相对的独立性，与其他经营管理部门独立开来，以确保所发现的重要审计问题可以第一时间送达到管理层。

4. 内部控制制度的建立。建立起企业内部及会计控制制度，比如说对于货币资金的控制，采购和付款控制等。对于不相容的岗位，企业应实施内部牵制制度，将其相互分离、制约。

【招式提示】

- 财务管理工作的各个环节都存在着一定的风险，无论哪个环节的工作出现失误都极有可能给企业带来一定的财务隐患。
- 作为企业管理者，应将风险防范贯穿于财务管理工作的始终，对企业财务运营的具体情况应进行及时分析了解。

财务分析管理

【开篇引论】

财务分析的主要依据是会计核算、报表资料和其他相关资料，然后运用专门的分析技术和方法，对经济组织如企业等的过去和现在有关的活动进行分析与评价，这是一种经济管理活动。财务分析的本质在于，搜集和决策与财务相关的各种信息，然后再进行分析与解释。财务分析的方法与工具有很多，具体的应用，应以分析者的最终目的而定。

【工具运用】

一、财务分析的方法

财务分析的方法如果具体细分会有很多，不过，主要的包括趋势分析法、比率分析法、因素分析法。

1. 趋势分析法。这种分析方法又被称为水平分析法，主是要把两期或者连续数期的财务报告中的相同指标拿出来进行对比，从中分析出其增减变动的方向、数额和幅度，进而对企业财务状况与经营成果的变动趋势加以说明。

2. 比率分析法。这种方法主要是指借助于财务报表中的两项相关数值的比率，然后揭示出企业财务状况与经营成果。其类型主要分为三类，即构成比率、效率比率、相关比率。

3. 因素分析法。这种分析方法也被称为因素替换法、连环替代法。主要是指根据分析指标和其影响因素的关系，然后在数量上确定各因素对于分析指标影响方向与影响的程度。

二、财务分析的步骤

财务分析有效进行必须经过五个步骤，具体内容如下：

1. 企业所在特定行业的经济特征。如果要确定财务报表和企业财务特性之间的关系，那么就要对产业经济特征进行认真分析，简单来讲，相同的财务报表不一定适用于其他不同产业的企业。拿零售业、钢铁业等来讲，其财务比率存在着很大的差异性。还有，高科技产业和传统产业，除了在产业经济特征上存在差异外，决定其地位的竞争因素也存在着一定的差异。所以说，在进行财务分析的时候，必须以产业经济特征作为其分析基础，对企业所处的特定产品的经济特征进行完全了解与确定，那么，才能对财务报表的经济意义真正地理解，进而将财务分析在管理决策中的作用发挥到最大。所以，要有效进行财务分析，首先要做的就是对企业所处产业的经济特征进行确定。

2. 增强竞争优势的战略制定。财务分析离不开企业战略，两者相辅相成。假如将产业经济特征比作是财务分析人员理解财务报表数据经济意义的航标，那么，企业战略就是其在财务分析中就管理决策所作出相关评价的具体指南。离开了企业战略，财务分析在管理决策中作出的评价就不具科学性。

3. 对财务报表进行正确的理解及净化。财务报表编制目的和财务分析目的存在着较大差异，在运用财务报表的时候，其实也是对财务报表的一种理解与净化。理解即了解财务报表的局限，净化即财务人员调整财务报表中的关键项目，加强可靠性及公允性。

4. 对企业盈利能力及风险进行评估。这主要是通过财务比率与相关指标来进行的评估，我们较为熟悉的财务比率及相关指标的计算有流动比率、资产负债率、权益回报率等，虽然熟悉，但却不懂得怎样对其进行科学的运用。财务比率并没有特定的标准，要使其变得有意义，就要将其与产业特征、企业战略、商业周期等相连起来。

5. 对管理决策作出相应的评价。财务分析以对管理决策作出评价为主要目的，管理决策的概念范围较广，拿财务分析来讲，其主要包括投资决策、信贷决策。

【招式提示】

- 财务分析的着重点在于揭露问题，找出原因，然后提出相关建议。因此，在对内容进行分析时重点在于突出当期的财务情况，从中找到对当期指标变动造成影响的主要因素。忌面面俱到，这样才能对当期的财务情况进行客观、正确的评价与分析。
- 财务分析不应拘泥于形式，忌千篇一律，不管是在形式上还是内容上都应追求自己的特色，在内容上应突出重点，在形式上新颖、灵活。
- 财务分析不应只是一堆“死数据”，而应与具体情况相结合，数据与具体情况相互印证和补充，才会使财务分析具有更高的可信度。而且，财务分析应遵循真实、准确、客观的原则。

促销费用管理

【开篇引论】

促销在销售过程中起到了助推作用，但促销不是白白进行的，是需要投入成本的。对于企业来讲，最希望的就是能花最少的钱办最多的事。所以，很多企业也在致力于如何在促销上尽可能少花钱，却可以达到最佳促销效果的问题。

【工具运用】

一、促销费用管理技巧

不花一分钱就想达到最优的促销效果是不现实的，既然要花钱，就要把钱花在刀刃上，从降低成本出发，来控制促销费用。

1. 从“限量”出发。物以稀为贵，一般来讲，产品的价值和数量是成反比的，数量越少，其价值越高。可以通过控制产品数量来提升促销的价值。具体表现形式为:（1）产品限量。增加销量是促销所具备的根本意义，企业要传递出来的信息是：这个产品有限，不买，很快就会没有了，而不是你想要多少就有多少。不过，最重要的还是要产品好。（2）卖场限量。不同的卖场相互之间存在着利益冲突，竞争对手之间为争取有利促销资源都会绞尽脑汁。企业可激起各大卖场之间的斗志，从中引导大卖场做出利于自身的决策。（3）门店限量。同竞争无处不在，一个系统内的不同门店也存在着竞争，门店限量可以突出促销资源的紧缺，提升了促销的价值感。如果能做到零投入最好，不行的话，可以用“置换”来达到控制成本的效果。如用赠品、活动、实物、特殊陈列道具等来置换。

2. 促销在前，费用在后。这主要在于谈判技巧，与其谈判的核心点在于促销方案，而不在于费用。换句话来说，就是将促销方案放在第一位，而不是总是将钱放在嘴边。

3. 展示自身优势。如果自信自身的产品在竞争中存在很大的优势，那么，就不要先人一步提费用。其实，在很大程度上，费用只不过是为促销方案所设计的辅助手段，只是在万不得已时，如促销方案没有吸引力，此时，可以用一定的费用来达到促销的进行。

二、销售人员的工作

在促销费用管理中，销售人员需要做到以下几点：

1. 督促经销商。促销活动存在一定的规则，销售人员首先要做的就是在规则内督促经销商投入促销费用最大化。

2. 促进产出。应促使经销商所投入的促销费用得到最大化的产出。

3. 促销费用及时报销。对于促销产生的费用要及时报销，为经销商资金的正常循环周转提供保证。不过不主张销售人员在支付了促销费用后再去报销，因为这存在着很大弊端，最重要的是容易造成贪污。

【招式提示】

- 不打无把握的仗，如果没有规划，一切都会变得毫无章法。促销费用一样适用，在进行时一定要提前做好规划与预算，做到运筹帷幄。
- 很多时候，费用很难把握，其中漏洞不可能完全避免，因此，最重要的就是做好督导工作，以加强活动的执行，避免出现费用浪费。

营销人员薪酬管理

【开篇引论】

随着社会经济的不断发展，市场竞争也越来越激烈，不过，归根结底，企业之间的竞争实则就是人才的竞争。对于企业来说，怎么吸引人才、留住人才是首要考虑的问题。

从人力资源管理的角度出发，需具有一定的科学性，才能使其发挥最大的效能，使企业利益最大化。对于企业来讲，竞争对手无处不在，想要争夺人才，就要建立起科学、合理的薪酬管理体系。无可厚非，薪酬是企业必须付出的成本，而且，也是吸引、留住优秀人才最有效的一种手段。

员工对企业的满意度与激励度完全受企业薪酬制度的影响，营销人员关乎着企业的生死存亡，因此，薪酬管理就变得更为重要了。

【工具运用】

一、营销人员薪酬管理

一般来说，营销人员工作时间较为自由，时间表都不固定。他们的业绩大都通过销售量来体现，且业绩不是固定的，与个人努力有很大关系，但也不排除与产品的特点、季节性、生命周期等的关系。营销人员的流动性较大，跳槽比例较大。企业立足于市场，最主要的原因在于拥有一批精明能干的营销人员对市场进行有效的开拓。如何留住这此人才，先要看看在薪酬管理中所存在的问题及应对措施。

1. 薪酬体系不规范。很多企业对于营销人员的薪酬都没有一个相对系统的体系，其弹性、透明性较差，内部也缺乏一定的公平性。很多员工甚至不知道自己的薪酬是如何得来的，那些所谓的薪酬标准，大都是约定俗成的，不够科学且模糊不清。为使薪酬管理能更有效地发挥作用，企业应将薪酬体系规范化、透明化。

2. 激励缺乏时效性。没有什么是一成不变的，对于企业的经营环境来说也是如此，营销人员的工作环境也受很多因素影响，存在着不确定性。影响业绩的因素有很多，面对这一系列的问题，企业如果还不对薪酬制度进行改革，那么，便会让员工失去积极性，继而影响企业整体销售目标。在一个工作结束结束之后，企业应将结果及时告之营销人员，此时，能产生很好的激励效果，且薪酬体系应根据影响业绩的各种因素随机应变。

3. 激励方式单一化。很多企业只是关注对营销人员的物质激励，而对非物质激励却不是很热衷。不同的人会有不同的需求，企业应根据不同的人而运用不同的奖励，对于员工不同时期的不同需求予以满足。如企业能满足受人尊敬和自我实现需求等的高层次需求，那么，相信员工一定会尽心尽力为企业谋求利益。

4. 忽视团队的力量。一些企业过分地强调个人激励，而对销售团队的整体过分忽视。甚至，有些企业的团队工作也是空有形式，团队里的人都是各干各的。虽然面对的是团队，但薪酬却偏重于个人激励。销售团队就个人业绩而言，更能给企业带来不可估量的业绩，在对销售团队进行薪酬设计时，企业应考虑的是如何才能激励整个销售团队业绩最大化。

二、营销人员薪酬管理制度

营销人员奋战在第一线，合理的薪酬体系可以调动其工作的积极性，而且，也是维持企业发展的原动力。下面是较为常见的薪酬制度：

1. 高底薪加低提成。主要是底薪高于同行业的平均水平，提成奖励适当或者低于同行业。这种制度有助于企业留住有忠诚度的老员工，而且对于有相当能力的人才也起到了一定的稳定作用。

2. 中底薪加中提成。底薪标准是同行业平均水平，提成的发放也是以同行的平均水平为准，这一制度大多在中型企业运用得多，对有一定能力但学历不太高的营销人员具有一定吸引力。

3. 低底薪加高提成。底薪低于同行业平均水平，有些甚至底薪是当地的最低生活保障。提成奖励高于同行业平均水平。一般多用于小型企业，可以调动员工的积极性且不用投入过高的成本。

4. 将任务量分解。这种制度是近段时间越来越受到一些企业的重视，主要是营销人员完成一定的销售量，然后根据销售量来计算出提成。在这种制度下，营销人员能清楚地知道自己所拿的提成是多少，而且可以为企业找出滥竽充数的人。

5. 达标高薪制。也就是说，营销人员只有达到一定标准才能拿到相对高的薪资，就营销人员而言，有了一定的动力，且并非不可企及。

6. 阶段性考评。这种制度其实也是底薪加提成，常规性地按月发放薪酬，但不一样的是，需要季度考核，一般是每月发放薪酬时，提成不完全发放，先发一部分，另一部分三个月后再发，对总业绩进行综合考核，最后发放累计提成薪酬。这种制度不仅可以避免出现营业人员将本来应该完成的业绩推后完成或是提前来预支未来的业绩。而且，可以避免有能力的营销人员在做满三个月后就离职的现象。

【招式提示】

- 薪酬管理一定要遵循公平的原则，讲求公正，同工同酬，员工之间的薪酬差异不应太大。如中高层与基层员工之间，中高层管理人员或是技术人员，虽然在企业中占据不可或缺的地位，因为产值不同，故薪水也会有所不同。
- 如果企业中高层与基层员工的薪酬差异达到八倍以上，那么，他们之间的关系就会变得疏远，对基层员工的情绪也会造成一定影响，对于企业的整体发展非常不利。

工具 14

听出真意，服务到底：售后管理

- 售后服务管理流程
- 客户投诉接待技巧
- 客户投诉处理策略
- 客户投诉反馈技巧

售后服务管理流程

【开篇引论】

何谓售后服务？售后服务就是指在产品出售出去之后为消费者所提供的关于这件产品的各种服务活动。从另一个角度来看，其实，售后服务也是促销手段的一种表现。市场竞争日趋激烈，消费者的维权意识及消费观念都发生了翻天覆地的变化。在选购产品的过程中，消费者除了注重产品自身的价值外，还注重产品的售后服务。所以说，对于企业而言，在提升产品自身价值的同时，也要完善关于产品的一系列售后服务，这也能为企业提供一定的竞争优势。

售后服务对于企业来说，是维护老客户的一个重要步骤，完善的售后服务系统，与客户之间可以建立良好且持久的商务关系。

【工具运用】

一、售后服务的目的及内容

售后服务管理的主要目的就是为了对售后服务工作起到规范作用，以此来满足消费者的需求。为消费者提供一定的保障，让其在使用本公司产品的时候，可以将效益发挥到最大。售后服务管理可以有效地提高消费者对于产品的满意度及信任度，对提高企业市场占有率起到一定的促进作用。其目的还在于制定售后服务管理制度及工作流程。

售后服务的主要内容在于：产品在保修期内，因质量问题而无偿向消费者提供维修或者更换相应产品。对于保修期外的产品，由销售中心报价，果断为消费者解决问题。对于一些需要安装调适的，应在规定时间内组织工作人员对产品进行装调试。组织工作人员定期对一些重点销售区域及客户进行走访，获取信息。

二、售后服务管理流程分析

1. 正确认识销售。真正的销售并没有所谓的终点，其始于售后，是一个连续的活动过程。一个产品在完成交易之后并不意味着结束，而代表着下次推销活动即将开始。交易结束之后，营销人员可以提供服务给消费者，以此来维持及吸引消费者的注意。

推销，并不仅仅是为了销售，最主要的目标是创造更多的消费者，因为消费者是销售的前提。消费者越多，销量就越大；反之，就会没有销量。营销人员要创造更多的消费者，最为有效的途径就是确保老顾客，培养大批富有忠诚度的顾客。

营销人员除了要将交易完成，最重要的是建立与消费者之间的关系。

交易之后，营销人员应关心消费者，为其提供良好的服务，在保住老顾客的同时，也能吸引更多的新顾客。当你的服务令他满意时，就会有下次光临的可能，且会推荐给新的顾客。也就是说，当你忽视消费者时，消费者同样也会忽视你。反之，就会得到消费者的青睐。

2. 与消费者保持定期联系。交易之后，应仍与消费者定期进行联系。笼统来讲，营销人员应多长时间拜访消费者一次是不存在固定说法的。对于消费者的拜访频率，应根据消费者的重要性、问题的特殊性和消费者的熟悉度等来确定。

3. 正确对待消费者的抱怨。对于营销人员来讲，时时刻刻都有可能遇到抱怨，众口难调，不是每个人都会满意你的服务，或许你的产品已经很好了，但难免会遇到更加苛刻的消费者，所以，抱怨也就在所难免了。但即便是这样，也不能用粗俗的话来对待消费者。其实，从另一角度看，消费者的抱怨无不透露着某种信息，这些批评意见给了产品一个进步的空间。对消费者的抱怨进行正确地处理，可以更好地吸引消费者。这一连锁反应可概括为：正确处理抱怨——提高消费者满意度——增加品牌购买倾向——获得丰厚利润。

如果对于消费者的抱怨置之不理，那么便会失去很多消费者。所以，你应该感谢消费者的抱怨，让你有机会了解他的不满。既赢得了消费者，又可以有效阻止他向身边的人倾诉，造成无法挽回的局面。倾听抱怨，不要试图打断消费者的抱怨，站在消费者的立场，然后找出问题所在。

【招式提示】

- 在进行售后服务的过程中，可以抓住机会向消费者介绍新的产品及服务项目，这等同于和消费者建立起了良好的关系。
- 在进行售后服务的过程中，还可以从消费者口得知竞争对手的信息。

客户投诉接待技巧

【开篇引论】

每个人的期待值不同，所以有投诉是无可厚非的。客户投诉对于每个营销人员来讲都不会陌生，这是他们经常会遇到的问题。在接待投诉客户的时候，应如何处理，是很多营销人员都应该清楚明白的。

【工具运用】

一、接到投诉后的表现

面对前来投诉的客户，在接待过程中应掌握一定的技巧，不管多么刁钻的责难与批评，都应以真诚的心来对待，切不可出现与客户争论的局面，否则便一发不可收拾。

在接到投诉的客户时，先道歉肯定不会有错。在听完顾客的投诉原因后，无论你有理还是无理，首先要道歉。孰是孰非有时很难界定，但因为投诉而给客户所带来了不悦，就要道歉。无论客户投诉的问题是什么样的，都要有这样的认知，即这是一个解释误会的最佳时机。

对于负责接待客户投诉的人，一定要是训练有素的人，可以在第一时间抚慰客户的情绪。解决问题的提前就是先解决心情。只有在心平气和的情况下，才能冷静地处理问题。试想一下，客户肯定是带着不满的心情来进行投诉的，此时，如果接待者用十分暴躁的情绪，那么，冲突就会一触即发。

投诉是在客户接触后，所要进行的很重要的后续服务，认真对待与处理设诉，可以避免造成更严重的后果。具体体现在：

1. 投入的重要性。很多时候人们都害怕投诉，也因此而选择了回避设诉。其实，只要换个角度看问题，问题就会迎刃而解。将设诉看成是顾客在给企业一个改错的机会，那么，所要面临的问题就简单多了。企业要明白一个道理：很多顾客产生不满意后不是选择投诉，而是选择了不再光顾，有的甚至是将这一信息传递给了身边的每一个人，这也使得企业失去了一次改正错误的机会，也永久失去了这位顾客。

2. 了解客户投诉动机。每个人存在一定的差异性，有些顾客投诉是为了得到一些经济性的补偿；有些顾客投诉是为了得到心理上的安慰及平衡，以满足自身受到尊重与照顾的心理需求。

3. 提供一些补偿性服务。对于投诉认真聆听，给顾客足够的重视，然后提出解决方案，对顾客进行一定的补偿。

二、接待投诉的技巧

售后服务不是简单的一句话，需要用真诚的心去面对。在面对顾客的投诉时，除了要以理服人，还要掌握一定的技巧，具体表现在：

1. 在接到客户投诉的第一时间，就先给顾客微笑道歉，笑脸、真诚的语言、一杯热水，这些都可以在无形中稳定顾客不满的情绪。然后拿出纸笔，准备记录顾客所提出的不满，让其有种被重视的感觉。

2. 绝不推诿。顾客投诉最忌讳的就是推诿，像扔皮球一样，这边扔到那边，那边再扔到这样，这会让顾客更加不满。收起带有个人主观意识的脾气，以公司整体利益为中心来接待顾客投诉。

3. 在接待过程中，以聆听为主，认真做好记录，其实，让顾客的发泄欲望得到满足，也是有效解决问题的第一步。从所记录的内容来分析出顾客所要反映的问题症结在哪儿。

4. 学着换位思考。站在顾客的角度去考虑问题，与顾客产生共鸣，与其分析不满情绪所产生的原因，及时沟通，消除障碍。

5. 及时解决问题。在面对投诉时，拖拖拉拉的处理方式也会让顾客的不满加深。快速解决问题，也反映了企业的办事能力与专业水准。

6. 问题处理完之后，需电话问候，尽量避免出现遗留问题。

7. 处理完所有的问题，就需要相关人员进行反思，将服务质量再上一台阶，避免同样的问题再次出现。

【招式提示】

- 在客户投诉的接待过程中，最忌以高人一等的姿态示人，或是采用一成不变、机械的服务模式，让客户感受不到真诚，这样的处事态度解决不了根本问题，只会让事情越来越糟。处理客户投诉的员工，首先要改变的就是待人的态度。
- 有些企业的接待员为了暂时缓解客户的不良情绪而胡乱承诺客户，有些是将“我们一定会解决的，你先回去等我们通知。”这一类的话来打发客户，事实上，等到通知的客户少之又少。
- 企业重视起客户投诉接待，设立专门的投诉处理部门，这样便于更好地处理问题，避免“踢皮球”事件的发生。

客户投诉处理策略

【开篇引论】

随着社会经济的发展，客户对于服务的认识也越来越深入，更多的客户加入到了保护自身权益的行列中来，伴随而来的还有客户的投诉。对客户投诉进行正确的处理，可以增加客户价值。

从某一方面来讲，投诉有效反馈了企业工作的优劣。换句话说，企业的各项工作及服务如何、客户是什么样的态度，最好且最有效的反馈形式就是投诉。因此，也越来越多的企业开始重视对客户投诉处理能力的培训。

但是，对于投诉处理还是存在着很多问题。一些日常性的问题投诉，在进行处理时，大都得不到重视，解释也很表面。尤其是投诉处理过后，没有对问题背后所存在的不足进行分析研究，更别说深入剖析一些深层次的原因了。所以，便出现了这样的问题：同样的问题不停在遭到投诉，却总是用同样的方法去处理，没有想过去改变现状，最终使各项工作都处于被动之中。

有些企业的投诉部门只是处理一些表面问题，只是敷衍了事，不讲究策略，所以，处理结果也总是无法让客户真正满意。

【工具运用】

一、客户投诉常规处理策略

在对客户投诉进行处理，应遵循一定的原则，即认真细致、公平公正、讲究事实、合理合法等。在处理投诉时，一般采取以下几种策略：

1．耐心听，认真记。当客户带着不满的情绪在诉说自己的问题时，不要当面解释或者反驳其意见，如“你肯定记错了，我们……”，既然客户前来投诉，说明对企业某些地方的服务或是管理产生不满，如果在此时只是一味地解释或是反驳，客户就会觉得不受尊重，会有加剧不良情绪发生的可能。所以，耐心听，用心做记录，让客户看到你的诚意，可以使其放下不良情绪。

2．平衡用户心理。站在客户的角度，对其遭遇及不幸表示同情及歉意。客户所投诉的内容都各不相同，有大有小，有轻有重，可是，一定要一视同仁，设身处地站在客户的立场，真诚地安慰客户。

3．对于客户的合理要求予以满足。客户既然向企业提出意见，就是希望问题得到重视、解决。

4．对客户所提出的意见或者建议表示感谢。客户的意见或者建议可以作为改进与完善工作的依据。很多时候，客户是因为信任才对企业提出意见，企业应对其表示感谢，将投诉内容整理分类，在改进管理与服务时，可以做参考。

5．相关部门配合处理。督促所涉及到的相关部门及时处理投诉内容，在处理投诉时，最为关键的是快速对投诉内容进行分析，然后查出原因，督促相关部门在规定时间内进行处理，并且一步到位，避免二次投诉的现象发生。

6. 投诉处理结果及时告知客户。对投诉进行快速处理，然后给客户以实质性的答复。一般来讲，如果客户是口头投诉，那么，便可以电话回复。如果是来函投诉，那么就以回函答复。

二、如何有效解决投诉问题

很多时候，在接到投诉时，会出现这样的情况——客户说："怎么投诉了这么多次，还是没有结果"。可是，当问客户是向谁投诉的，在什么时候，当时是怎么回答的，对于这些问题，很多客户都回答不上来，这就会使矛盾升级。

要知道，任何人或事都会存在一定的瑕疵，主动对其修改，便会得到赞扬；有人投诉再来修改，那是该做且必须做的；多次投诉才去修改，需要花费大力气才能得到宽恕；多次投诉却不修改，便无法得到原谅。

所以，企业需要建立一个处理机制，即谁受理、谁跟进、谁回复。最好不转手于他人，造成处理问题不彻底。

三、如何减少投诉

1. 对制度的完善。减少投诉的关键在于建立与完善各项管理和服务制度，并按规定执行工作。

2. 有效沟通。在与客户进行对话时，应注意客户的真正需求，为客户提供符合自身需求的服务。

3. 加强培训。借助于各种形式，加强对员工的培训工作，以此来提升员工的服务意识及技能，将投诉量减少到最低。

4. 及时控制。能够及时发现并解决问题，懂得如何控制事态，防患于未然。

5. 回访。对于投诉客户可以进行适时的回访，赚取信誉度，赢得客户的信赖。

【招式提示】

- 企业一定要建立一个畅通无阻的客户投诉渠道，而且要安排人值班，为客户投诉能及时得到受理提供保证。
- 可以建立一个客户投诉处理登记簿，将投诉人的详细信息登记在案，然后转到相关部门进行备案，便于事后联系及划分责任。
- 投诉如果得不到处理，或者处理之后企业不懂得如何自省，那么，投诉部门也就形同虚设，企业的问题还是存在，投诉也会越来越多。

客户投诉反馈技巧

【开篇引论】

何谓反馈，反馈就是指在沟通的过程中，信息、反映等的返回，即信息的接收者向信息的发生者做出回应的行为。一次完整的沟通除了信息发生者的反映，还包括有信息接收者的聆听及信息的接收者对于信息发生者的反馈。简单来讲，就是信息的发生者发出信息，然后信息的接收者接收信息。就完整且有效的沟通来讲，反馈才是最重要的，是沟通过程或者结束时极为关键的一个环节，主要是对对方所表达出的信息及时作出反应，澄清两者之间存在的误会及失真。

可是，很多企业对于反馈并不重视或者将其忽略，认为可有可无，这就造成了沟通效果的大打折扣。

【工具运用】

一、反馈的作用

当客户将自己的信息传达出来，在沟通的过程中，很多信息接收者都自以为听懂了客户的诉求，于是便一厢情愿地作出主观判断，实际操作过程与所取得的效果都不尽如人意。很多时候，多问一句话就将问题解决了，如“您说的是这个意思吗……”但却无人意识到。

有许多员工在处理投诉时认为，沟通其实就是“他说我听”或者是“我说他听”，常常看不到反馈这个环节。不作反馈直接导致的后果也是很严重的，如信息表达一方不清楚信息倾听一方是不是准确接收到了信息。还有，信息接收一方没办法澄清与确认是不是准确接收到了信息。

反馈分为正面反馈和建设性反馈。具体来讲，正面反馈就是鼓励客户发泄心中的不满，站在客户的角度看问题，感同身受。建设性反馈就是或许客户不是无理取闹，可以适时给客户提些建设性的意见。

二、客户投诉反馈技巧

1. 以对方需求为中心。在面对客户投诉时，一定要站在对方的立场与角度上，了解其真正的需求是什么，然后有针对性地给予对方以反馈。如，客户在使用产品的过程中，出现了问题（在保修期内），那么，作为处理投诉的客服人员，你就要仔细聆听客户的诉求，是想退货，还是想更换产品，或者是想维修产品，然后作出及时反馈。如果听了客户说了很长时间，你都没反应或是给不出准备的处理方法，那么，就会使客户对企业失去信心。

2. 具体明确。有些员工在处理投诉时，只是给客户一些模糊的信息，如“您先回去，我们一定尽快处理。”可是，这个“尽快”是多久就不得而知了。此时，应根据情况，给客户一个准确的时间，如“您放心，两天之内一定给您一个满意的答复。”这就让客户有了心理准备，且对于该企业的办事效率会表示出赞赏。

3. 反馈要有建设性。在些员工总是武断地给客户提出意见或是妄自下结论，比如“这肯定不是我们的问题……”、“您一定是使用不当才导致这样的结果。”等等，这会使客户的情绪更加激动，不利于事情的有效解决，而且，也人连同对企业的印象也会越来越差。可是，换句话，就会起到不一样的效果，如“您的意见我们采纳了，我马上会让相关人员来对产品进行调试。”要知道，建设性的反馈只是一种建议，而非批评。

4. 对事不对人。有些人在处理客户投诉时，看对方比较强势，穿着光鲜，就点头哈腰，跑前跑后为其服务。可是，看到较为温和且穿着一般的客户就爱答不理，甚至说出有损人尊严的话，这样只能使矛盾加剧，和最初的沟通愿望相悖。要知道，真正积极的反馈应该是就事论事的。

【招式提示】

- 对于企业来说，管理有没有效果，管理信息系统是不是完善，信息反馈是不是正确、及时，这才是问题的关键所在。
- 在处理客户投诉时，首先是倾听，从中获取有利信息，在对方表达完之后，再根据所获信息进行及时反馈，可以适时表达出自己的观点，而不是一味地迁就、没主见。